优秀教师方略丛书

优秀教师课堂情绪管理的智慧

Youxiu jiaoshi
Fanglüe congshu

刘艳如　本书编写组◎编著

Youxiu jiaoshi
Ketang qingxu
Guanli de zhihui

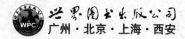

世界图书出版公司
广州·北京·上海·西安

图书在版编目（CIP）数据

优秀教师课堂情绪管理的智慧／《优秀教师课堂情绪管理的智慧》编写组编．—广州：世界图书出版广东有限公司，2010．11（2024.2 重印）

ISBN 978－7－5100－3006－2

Ⅰ．①优… Ⅱ．①优… Ⅲ．①课堂教学－教学研究

Ⅳ．①G424.21

中国版本图书馆 CIP 数据核字（2010）第 217500 号

书　　　名　优秀教师课堂情绪管理的智慧
　　　　　　YOU XIU JIAO SHI KE TANG QING XU GUAN LI DE ZHI HUI
编　　　者　《优秀教师课堂情绪管理的智慧》编写组
责任编辑　王　红
装帧设计　三棵树设计工作组
出版发行　世界图书出版有限公司　世界图书出版广东有限公司
地　　　址　广州市海珠区新港西路大江冲 25 号
邮　　　编　510300
电　　　话　020-84452179
网　　　址　http://www.gdst.com.cn
邮　　　箱　wpc_gdst@163.com
经　　　销　新华书店
印　　　刷　唐山富达印务有限公司
开　　　本　787mm×1092mm　1/16
印　　　张　12
字　　　数　160 千字
版　　　次　2010 年 11 月第 1 版　2024 年 2 月第 4 次印刷
国际书号　ISBN　978-7-5100-3006-2
定　　　价　59.80 元

序 言

优秀教师何以成为优秀教师，优秀教师的成长有无规律可循？这是一个值得思考和关注的问题。

"优秀教师"这个概念，它和我们平时常常提及的"骨干教师"、"名师"或是"特级教师"并不尽相同。后三个概念更多的是以某种标准加以衡量而赋予教师的某种荣誉，表征的是教师某个发展阶段的状态。"优秀教师"倾向于从动态变化的教师成长过程中来解读，它意味着一个漫长而艰辛的成长过程，一个离不开成长期的默默付出，历经高原期的苦闷徘徊，从而达致成熟期的随心所欲的成长过程。

我们应该把优秀教师看作是一个发展性的概念。作为一个教师，要在事业上获得成功，首先要有强烈的事业心和责任感，要有崇高的奉献精神，要有坚定不移的意志品质，要有持续发展的信念，要有永不满足、不断学习、不断进取的精神。从发展的角度看，所有的教师都可以成为优秀教师。

当然，成为一个优秀教师不仅要有自己的主观条件，还要有客观条件的保证，从立志做优秀教师到成为优秀教师不是必然规律。优秀教师能及时抓住时代发展的机遇，并使机遇成为成长的契机。机遇对成功很重要，但教师的成功不是靠被动地等待，而是认真踏实地工作，通过"量"的积累，在及时把握机遇中达到"质"的飞跃，获得成功。

为使主客观条件达到最佳的组合，从而获得成功，今天的优秀教师，应该改变传统的"春蚕到死丝方尽，蜡炬成灰泪始干"的被动的、悲凉的形象，树立一种新的优秀教师成长观，即关注自身精神生命的成长，使得优秀教师的成长不再仅仅是为了一纸文凭或是生存技能的提高，而是为了自我的充实与完善，为了个体的幸福与愉悦，为了更有意义的生活。为这样的目的而努力的人，即称优秀。惟有如此，优秀教师才有可能真正地唤醒自己，同时也唤醒他所接触的人，才有可能创造自己更为美好、更有意义的生活，同时也创造他人更为幸福的生活。

我们应该相信，优秀教师的成长主要不是依靠天赋，而是后天的因素；后天因素对教师成长的影响程度依次为个人的努力、教学互动、专家引领、师傅指导、同伴互助和领导支持。

在成长过程中，尽管每个优秀教师的成长经历都不相同，具有浓厚的个性色彩。但是透过表层的个性因素，仍然可以从中概括出某些共同的要素，说明优秀教师的成长还是有规律可循的，能够提出优秀教师培养的方式方法的。

根据对优秀教师成长规律的总结，我们编写了这套"优秀教师方略"丛书，其特点是强调教师学习与培训的针对性、适用性和可接受性，期望能在教师艰辛的成长过程中助一臂之力，让他们少走一些弯路，减少个人摸索的无效劳动；让更多的教师通过不断的学习、反思、超越，成为"优秀教师"。

目　录

引　言

　　情绪作为一种非智力因素，在现代教育中有着极其重要的作用。在当今的教育理论与教育实践中，情感教育、情境教育、愉快教育等概念不断推出，越来越成为中小学教育教学改革的价值取向。课堂上的情绪管理和控制越来越成为教育工作者们关注的目标。

　　情绪管理是个体或群体对情绪进行控制和管理的过程，在课堂教学中，主要表现为教师对学生认知活动的影响。过去人们常常从认知角度来探索教学活动的成效，现在人们意识到，情绪对认知起着重要作用，而情绪管理在课堂教学中有非常重要的作用。

　　教师在教学过程中，可以通过各种教学手段唤醒学生课堂中的情绪，使学生处于一种兴奋和愉快的状态中，这有利于学生思路开阔、思维集中，积极参与课堂的学习，可以把学习的知识举一反三，触类旁通。同时，情绪管理有助于增强学生注意力，教师可以通过生动活泼的教学形式和方式多变的教学手段，提高学生课堂情绪的感受性，使学生注意力集中，提高课堂教学效果。

　　本书通过众多生动的课堂教学案例，向大家介绍教师课堂情绪管理的方法与技巧。另一方面，情绪管理不仅包括外部管理，还涉及到自我管理，因此，教师应该重视情绪的自我管理，学会在课堂上驾驭情绪，管理情绪，本书最后一章将和大家一起探讨这一话题。

师爱绵绵篇

爱是一种发自于内心的情感，是人世间最伟大的力量。教师的爱更是不容忽视的。作为一名教师，要尊重学生，适当地赞美学生，细心观察学生，及时帮助学生解决存在的问题，把自己的爱洒向课堂的每一个角落，让学生在爱的包围中不断进步。

1. 让尊重占据你的课堂

在长期应试教育的大背景下，教师的职能主要是通过课堂教学给学生传授课本知识；教师的期望主要是学生能在应试中考出好成绩；教师的行为表现是偏爱优等生，讨厌差生。学生是教学活动过程中的主体，然而长期以来，学生在教学活动中的主体地位似乎并没有得到足够的尊重。学生具有鲜明的个性、活跃的思维、强烈的自我表现的欲望及获得他人积极肯定的欲望。因此，作为一名教师，在日常教学过程应该加以适当的引导，这样同学们的兴趣就会被充分调动起来，注意力、观察力、思维力等智力因素就会积极地投入到学习活动中来，课堂自然而然便会充满活力，且充满融洽、和谐气息。

民主、平等是当今世界人与人之间的一个十分重要的行为准则。世界没有民主、平等就不安宁；国家没有民主、平等就不太平；家庭没有民主、平等就不和睦。同样，课堂没有民主、平等就建立不起良好的师生关系，就难以形成充满创新精神的课堂教学氛围，也就难以培养出创新型的人才。因此，作为一名人民教师，应该充分尊重学生，建立一个民主、高效的课堂。

经典案例

刚，9月入学，不到四个月就有了恐惧感，并引发其他疾病。从他的学习情况来看，平时学习不积极，注意力不集中，无论是上课还是自修，只要外面有人走动，总是自觉不自觉地往外看。几个月下来，学习

师爱绵绵篇

成绩提高不明显。

虽多次找他谈话了解情况，进行教育，但效果不佳。其他任课老师也反映，他在面对老师时一声不吭，满脸涨得通红，样子甚是可怕。由于心理恐惧，引发了膀胱炎，课间不想上厕所，一上课就想上厕所，又不敢请假去，只好一直憋着。我对刚的病十分担心，年纪轻轻的，可不能出什么问题啊！

为此，我了解了与刚曾在同一学校的同学，并与他的家长交流，终于了解了刚得病的原因。据刚的同学和家长反映，刚在初中曾因背诵课文而被罚抄课文。原来，刚在初一时，语文老师每天让学生背诵课文，没有背出来的先站在走廊上背，会背了再到老师那背。如果再背不出来，将课文罚抄 10 遍。若第二天还背不出来就去厕所背，背不出将课文罚抄 50 遍。该生在初一时被罚过五次，每次都是整夜不能睡觉，他的父母也帮助他抄写课文。久而久之，该生渐渐对学习失去了兴趣，害怕上课，烦躁不安，一见书本、一进课堂就感到头痛心慌。

解铃还需系铃人，心病还得新药医。由于该生是因罚抄课文而产生的恐惧，进而引发心理障碍，属心理疾病，光靠药物是无法彻底根治的。作为刚的班主任和语文老师，如何使刚从阴影中走出来是我要解决的首要问题。因此，我设想，从刚的实际情况和病情出发，从"师爱"上化解刚的恐惧心理，加强沟通，对症下药，从而帮助他树立信心，扬起奋斗、前进的风帆。

我把刚叫到办公室，问他为什么上课总是走神、想上厕所。他不吭声，只是低着头，身体不停地颤抖。看来他很紧张，继续问下去也不会有什么结果，我便让他先回教室去。第一次谈话失败。

事后，我和其他几位任课老师商量，认为刚可能是对谈话的环境有所顾忌，毕竟那次谈话是在办公室进行的，很多老师都在场，顾及到个人隐私，他选择了沉默。况且，那也是一次不平等的谈话，没有让他坐下来面对面地倾心交谈，完全是以一个师长的身份在询问，效果当然不会理想。我准备再找他谈话，地点打算放在比较偏僻的地方。

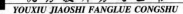

机会很快就来了。

一天，上完第四节课，看见刚面无表情，埋着头向食堂走去。我赶紧向刚走过去。

"刚，去食堂吗?"他点点头。

"走，一起去。"

到食堂后，我特地找了个角落坐下，让他在我对面坐下。"你是哪个学校毕业的，父母是做什么的?"

"……初中，父亲在外面工作。"

"我上学时，家里也跟你一样，靠父亲一人在外面工作，确实不容易。"他点点头。

"高中跟初中不同了，课程增多了，难度加深了，能适应吗?"

"还行，就是作业来不及做。"

"高中三年，是要吃苦，当然睡眠时间还是要有保证，你最近上课总是打瞌睡，是不是开夜车了?"

"没，看书看不进去。我这几天身体不好。"

"病了要早点看医生，别耽误了。能告诉我哪里不舒服吗?"

"我头晕、乏力，害怕背书，一背书就头疼。"

"那初中的时候是这样吗?"

在我的追问下，他终于把初中时背书的事情告诉了我。

通过这次谈话，我了解到刚的病状已经非常严重，经常头痛、失眠、做噩梦，一上课就莫名地紧张，加上睡眠不足，已引发神经衰弱、膀胱炎等症状，再不治疗后果就不堪设想。

我和其他几位任课老师商量后，认为从刚的现状来看，应采取阶段性和长期心理疏导相结合的方法，有目的、有计划地进行引导教育，并达成几点共识：刚什么时候想上厕所，必须让他去；刚对考试成绩十分看重，在考试成绩下降后，应采取灵活恰当的方式对其考试成绩进行评价，不能一味斥责；寻找契机，让其在同学面前大声说话。

为了培养他的信心，老师让他多参加一些容易完成的公益活动，抓

住时机对其表扬和鼓励。

有一次正好轮到刚擦黑板，他擦得很干净。我利用课堂几分钟时间表扬了他，希望班上的学生向他学习，他心里喜滋滋的。在课堂上害怕背诵古诗的刚大声朗读古诗和课文，请他背诵他已经会背的课文，树立他学习的自信心。过了一段时间我再找刚谈话，对他在近期的表现进行表扬，希望他再接再厉。

经过一学期的努力，刚的情况已经有了明显的好转，上课精神多了，也不像以前那样孤僻，能和同学融洽相处了。更值得欣慰的是，他已经把我当成知己，有什么话都主动跟我说。当然，要使刚完全恢复到健康状态，在这短短的时间里是不可能的，不过我正在努力。

案例分析

教育是一项系统工程，教师的一言一行都影响着学生，都会通过学生的眼睛在他们的心灵深处留下印象。以爱为宗旨，采取恰当的教育方式，是教育成功的关键。

老师的爱对学生个性发展极为重要。一个经常得到教师关爱的学生，他会从中感受到教师对他的关心和肯定，由此获得心理上的满足，并在这种满足中发展自己的自尊心和自信心，进而燃起积极向上的热情，使其对人生感到有意义，调整好情绪，努力使自己对生活充满愉快和乐观。同时，他会从自己所感受到的关心和爱护中陶冶良好的情感，学会如何以积极的情感去对待别人，去处理人与人之间的关系，从而形成对人关爱、助人为乐、团结互助的健康心理。

2. 让自信住进孩子的心灵

自信心是指个体对自己的一种态度、认识、评价和信念。较强的自信心不仅能使学生在学业上取得成功，也会为学生在日后的社会生活取得更大的成就，从而获得更多的满足铺平道路。不仅如此，自信心还会产生连锁反应，它可以使学生获得其他许多优秀品质，比如能很好地应付压力、具有更好的判断力等。相反则会产生"波纹效应"（是指在学习的集体中，教师对有影响力的学生施加压力，实行惩罚，采取讽刺、挖苦等损害人格的作法时，会引起师生对立，出现抗拒现象，有些学生甚至会故意捣乱，出现一波未平，一波又起的情形。这时教师的影响力往往下降或消失不见，因为这些学生在集体中有更大的吸引力。这种效应对学生的学习、品德发展、心理品质和身心健康会产生深远而恶劣的影响），致使学生缺乏进取的动力，难以在学习上取得理想的成绩。

莎士比亚说过："自信是走向成功的第一步，缺乏自信是失败的重要原因。有了自信心才能充满信心去努力实现自己的目标。"产生自信心，是指不断地超越自己，产生一种来源于内心深处的最强大力量的过程。这种强大的力量一旦产生，你就会产生一种很明显的毫无畏惧的感觉、一种"战无不胜"的感觉。

产生自信心后，无论你面前的困难多大、你面对的竞争多强，你总感到轻松平静。课堂上教师要尽可能满足学生的学习和认识需要，使学生获得成功，增强成功的体验。有了成功的体验，肯定了自己，相信了自己，增强了自信心，从而激励自己不断地去探索，去争取成功。为帮助学生成功，教师必须努力改革教学方法，满足学生的需要，创造成功

师爱绵绵篇

机会，从情感维度上处理教材，使教材和学生需要相统一，在此基础上使学生的学习获得成功，从而有效调节学生的学习倾向，培养学生的自信心。

经典案例

开学不久的一次数学课上，我发现了她——娜娜。那天，我像往常一样提出问题，让学生四人一组合作讨论，每个学生都积极参与，课堂气氛异常活跃，当我正高兴于学生的投入时，发现娜娜一人坐在座位上而没有融入到小组讨论中。我走到她面前，她似乎发现了什么，抬起头，茫然地望着我。我对她说："来，把你的见解说给我们听听，看看你有什么好的想法？"娜娜霎时满脸通红，低下头默不作声，我立刻意识到娜娜是一名特殊的学生，对她说："是不是没想好，那你先听听其他同学的看法。"她轻轻地点点头。

从那以后，我就特别注意娜娜。当同学们课间在一起快乐地游戏时，她却独自坐在教室的角落里发呆；当同学们兴致勃勃地在操场上锻炼时，她只是一个人站在操场上美慕地看着。她胆小、性格内向、不爱与同学们交往，课堂上非常安静，从不举手发言。她在学习上存在着很大的困难，使得她的性格更加孤僻甚至有些自卑。我决定帮助她克服自卑感，树立自信心。刚开始，我与她交朋友，不光从学习上还从生活上关心她。我经常对她说："在老师心里你是一个很可爱的学生。"她听了，眼里流露出一种少见的喜悦神情。上课时，我有意地注视她，用目光鼓励她。我有意向她提一些她能回答的问题，一旦问题答对了，我就在全班面前表扬她，使她敢于对自己说"我能行"。布置作业时，我会特意布置一些适合她的作业。对她交上来的作业，我都会给她注上一句简单的话，从"有进步"到"真棒"，再到"太好了"。此外。我还与她的家长取得联系，希望家长也多给她一些鼓励。这样，在老师和家长的共同努力下，她的自信心得到很大的增强。当老师提问时，她可以毫不犹豫地举起手来，这表明她迈出了可喜的第一步。渐渐地，她不再对数学学习感到枯燥、乏味，同时，这种学习的欲望在其他学科中也得到了表现。我也高兴地发现她在其他方面的变化，比如同学们邀她一同游戏，她再也不是一名观众，而是大胆地与同学们一起玩耍。她再也不像一只离群的孤雁了，看到她脸上那份自信的微笑，我感到十分欣慰。

这件事让我感触颇深，作为教师，我们应该对学生多加鼓励和赞扬，培养和增强他们的自信心。正如美国心理学家戴克斯所说："孩子需要鼓励，如同植物需要水一般"，教师的激励能引起学生强烈的情感共鸣，产生巨大的心灵感应，从而使内在潜力得到充分发挥。确实，比起批评、责骂，适时的关心和激励具有更大的效果。遇到不自信的学生时，老师应给予更多的关心和鼓励，不仅如此，老师还应该鼓励学生多与人交往，多参加集体活动，让他们从中感受到与他人的友谊，感觉到在集体中贡献自己能力的快乐，从而在不知不觉中树立起自信。

案例分析

自信是通往成功的敲门砖，对于学生来说更是决定学生成功与否的关键，因此，在教学过程中，帮助学生赢得信心成了老师工作中的重中之重。

案例中的"我"通过平时的留心观察，发现了一个脱离群体的学生娜娜，主要原因是娜娜缺少自信，进而导致自己性格孤僻甚至有些自卑。于是"我"采取了一系列的措施来帮助她赢得自信，首先与她交朋友，在学习上、生活上关心她，使她从心灵上不再孤独。然后通过鼓励的方式，使她树立"我能行"的信心。在作业批改中尽量给予表扬的评语，从"有进步"到"太好了"，她的自信心也随之有了逐渐提高。

"我"还充分发挥了家庭对学校教育的作用。动员家长也给她一些鼓励，在老师和家长的双重肯定和鼓励下，一位沉默寡言的学生终于走

出了过去的阴影，与同学们打成一片，脸上充满了自信。这个案例使我们深刻地体会到作为一名成功老师的可贵之处，就是如何通过自己的实际行动来帮助学生赢得自信，从而通向成功的大门。

经典案例

　　班级中原有一名后进生，各科成绩都很差，他自己也很自卑，对学习没有兴趣。我原以为这个孩子成绩差是因为家长对他放任不管，可是在一次家访中我意外地发现，其实他的母亲为了孩子的学习费了很多心思，作出了很大牺牲，尽管孩子学习不理想，可她还是一如既往地给儿子信心和帮助。我震撼于母爱的力量如此伟大，同时也进行了自我反思：我们往往在重视学习成绩的同时忽视了学生健全人格的培养。因此，我决心从培养他的自信心入手。

　　机会终于来了。一次数学课上，这个"笨孩子"兴奋地举着手，迫切希望回答问题。看着他自信的表情，我暗想，等他回答完了一定要好好表扬表扬他，可没想到他站起来后就不知道该怎么回答了，我示意其他学生耐心地听他讲，可他绞尽脑汁还是说不出，怎么回事？看他举手的神情应该是有自己的思路，难道是紧张导致暂时遗忘？想到这里，我对全体学生说："××今天能主动举手，我们很高兴，让我们为他的勇敢而鼓掌。"在大家的掌声中，他显得很意外，继而腼腆地笑了。我发现，这一节数学课，他听得特别专心，而且举手也特别积极。基于上面的经历，我也不敢轻易请他发言，只是试探性地挑了一个特别简单的问题请他回答，他好不容易答对了，我暗暗地松了一口气，同时给了他热烈的掌声。望着他灿烂的笑容，我似乎看到了他向着成功迈出了一大步。

　　在以后的数学课上，他举手的次数越来越多。我尽量挑一些适合他的问题让他回答，并适当地鼓励他，他逐渐有了自信。在应用题单元的教学中，我意外地发现他在这方面的理解能力特别强，有一次大部分学

優秀教師課堂情緒管理的智慧

生都对一道应用题的另一种解法感到困惑，这时他站起来不紧不慢地说："其实这很简单……"他自信的语气和清晰的思路令全体学生和我目瞪口呆。

案例分析

自信来自成功，成功来自自信，可见两者是相辅相成的。可见失败将会成为减弱自信心的一大主要因素。因此，在教学过程多给予学生一些肯定、表扬或鼓励将更有利于学生自信心的建立。

在以往的教学中更多的是重视学习成绩，而忽视了学生健康人格的培养。如何培养学生的健康人格，首先，应使学生有一个自我肯定的心态，而不是自我否定的心态。案例给我们树了一个非常好的榜样，即如何帮助学生赢得自信心。自我肯定的心态是建立在别人的一致认可的基础之上的，因此，在教学中作为老师应善于发现学生的进步，并给予及时的表扬反馈，案例中的这位老师他做到了这一点，从一个很小的细节出发，反而取得了意外的收获，改变了一个学生以往不自信的心理。

自信受到成功率的制约，一个人的自信程度与他的成功率成正比。成功次数越多，自信心越强；反之，失败次数越多，自信心越弱。给予学生多一点赞许的目光，多一点的表扬，这样学生的自信也将随之提高，这不仅使学生离成功更近一步，更重要的是使老师的付出得到了回报，更是对老师工作的一种认可。

师爱绵绵篇

3. 让宽容展现人性的美丽

宽容是一种最美丽的情感，宽容是一种良好的心态，宽容也是一种崇高的境界，能够宽容别人的人，其心胸像天空一样宽阔、透明，像大海一样广袤深沉。宽容自己的家人、朋友、熟人容易，因为，他们是我们爱的人。然而，宽容曾经深深伤害过自己的人或者自己的敌人，即"以德报怨"，则是最难的，也是宽容的最高境界，这才是人性中最美丽的花朵。

宽容是心理养生的调节阀。人在社会的交往中，吃亏、被误解、受委屈的事总是不可避免地发生，面对这些，最明智的选择就是学会宽容。宽容是一种良好的心理品质；宽容是一种非凡的气度、宽广的胸怀；宽容是一种高贵的品质、崇高的境界；宽容是一种仁爱的光芒、无上的福分；宽容是一种生存的智慧、生活的艺术。它不仅包含着理解和原谅，更显示着气质和胸襟、坚强和力量。一个不会宽容，只知苛求别人的人，其心理往往处于紧张状态，从而导致神经兴奋、血管收缩、血压升高，使心理、生理进入恶性循环。

生活中我们每个人难免与别人产生摩擦、误会，甚至仇恨，这时别忘了在自己心里装满宽容。宽容是温暖明亮的阳光，可以融化人内心的冰点，让这个世界充满浓浓暖意。

宽容是甘甜轻柔的春雨，可以滋润人内心的焦渴，给这个世界带来勃勃生机。宽容是人性中最美丽的花朵，可以慰藉人内心的不平，给这个世界带来幸福和希望。

社会生活如此，课堂上亦然。面对那些单纯、可爱的学生，我们没有理由去责备他们、苛求他们，而应该以一颗宽容的心去爱护他们、鼓励他们、温暖他们。

"严师出高徒"是中国基础教育的一种传统文化和传统观念，这个"严"不应该排斥教师对学生的包容和理解。"严师"应该是严格而不严厉，而教师对学生的"包容"当然不是放任自流，必须校正学生不良的学习和生活习惯，要严在当严处，爱在细微中，要把包容心和责任心贯穿教育的始终。包容也绝不等同于教师对学生缺点或错误的一味纵容，不是教师对待学生的软弱无能，而是对学生的不足、缺点甚至错误的包容、理解和原谅，是对学生能够克服困难、改正错误、提高学业成就的信任，更是对学生发展缓慢的一种等待、期待。教师的包容是学生自信心的保护伞，是学生发展的一种动力，为学生的成长留足了自主反思的空间。

经典案例

在多年的班主任生涯中，经常遇到一些性格特殊的学生，他们共同的特点就是独立意识强，不易接受别人的意见或建议，凡事从自己的角度考虑的多，站在对方的角度考虑的少。在面对老师的管理时，他们很易冲动，往往会发生正面的冲突。在这些学生身上，即使教育起了作用也很容易发生反复。这样的学生会使班主任感到头痛，处理不好也会在班级管理中产生很强的负面作用。

那是一个深秋的早晨，我刚一上班，值周老师就来"告状"："你班的小杰太不像话了！"我心中一惊，小杰是我们班有名的"调皮大王"，经常在老师或班干部安排工作时唱反调，以前也有几次对老师不礼貌，曾因辱骂老师受过警告处分。但经过我苦口婆心地做工作，最近已经大有进步，不知又做了什么"惊天动地"的事会把老师气成这样。我连忙问："出了什么事？"值周老师向我讲述了昨天晚上发生的事。

原来，昨天下午放学后，小杰并不是值日生，却迟迟不回寝室，在

师爱绵绵篇

值日生拖地时不停捣乱。值周老师进行劝阻时他很不以为然，称自己在和同学开玩笑，根本没有"不尊重别人的劳动"，认为值周老师多此一举。在老师离开不远时，他竟然出口不逊，甩出一句"你懂个屁"，并在老师叫他回来时装作听不见，扬长而去。

我听了这事后很生气，在向值周老师表示歉意的同时，真想立即到教室把这个惹是生非的小子揪出来。小杰以前所犯的错误还历历在目：前些天，小杰在自习课时，因为老师说话的声音大了一些，就当众说老师"真没礼貌"；在我外出由别的老师代理班主任时，他对老师说"你又不是班主任，有什么权利管我们？"不过我感觉经过耐心细致地引导，他的处事态度方面大有好转，许多老师都说他有进步，难道以前的教育心血全都付之东流？转念一想，冰冷的物体尚有惯性，何况活生生的人呢？学生犯错误，尤其是习惯性的错误，做老师的，做家长的，应该有发生反复的思想准备，绝不能够急于求成或丧失信心。不管别人怎么看，依我对小杰的了解，他虽然固执、冲动，但却也是一个有正义感、知错能改的好学生，我相信他在事后应该有所醒悟。我过早介入此事未必能达到最好的教育效果，还是等一等吧。但我还是让班长把话传递给他：我相信他自己能认识到自己的错误，能处理好自己的事。

果然，第三天，值周老师告诉我，小杰已经真诚地向她道歉了，并感谢我所做的工作。我说，其实我什么也没有做，我只是做到了等待和宽容。我有的只是对学生的信心和耐心。

在当周的班会课上，我还在全班同学的面前表扬他知错就改的好品质，并说老师认为他在学习上的潜力很大，相信他在学习上也会令人刮目相看，那一晚，我看到了小杰眼中闪闪发亮的泪珠，那是被人信任后激动的泪水。

在以后对小杰的教育中，我也始终把信任放在首位，小杰在信任中逐渐成长起来。

案例分析

面对小杰对值周老师的无礼，老师没有急着批评小杰，也没有给予他严厉的惩罚，而是以一颗包容的心来对待这件事，并坚信小杰是个好学生，他能意识到自己的错误并及时改正。老师的宽容换来了小杰的幡然醒悟，同时也使他感受到老师的良苦用心和无私的爱。

经典案例

曾听到过这样一个故事：有位叫史蒂芬·葛雷的医学科学家，当记者问他为什么比一般人更有创造力时，他回答，这与他两岁时的一件小事有关。

有一次，他尝试着从冰箱里拿出一瓶牛奶，因瓶子很滑，他一失手，瓶子掉在地上，牛奶溅得满地都是——像一片牛奶的海洋！他的母亲来到厨房，并没有对他大呼小叫、教训或是处罚，她说："哇，你制造的混乱可真棒！我还没有见过这么大的奶水坑。牛奶反正已不能喝了，在我们清理以前，你要不要在牛奶中玩几分钟？"他的确这么做了，最后在与母亲一起清理完厨房后，他母亲又说："如何用两只小手拿大牛奶瓶，你已经做了一个失败的实验。来，让我们把瓶子装满水，看看怎样才能拿动它。"小男孩很快就学会了，用双手抓住了瓶颈，就可以拿住它不会掉。

由此可见，错误对孩子来说常常是学习新东西的机会，所以不要害怕学生犯错误，怕的是老师无包容之心，不能抓住机会用正确的恰当的方法对有错误的学生给予引导。

上自然课了，我来到教室前，平时安静的教室，今天居然是一片笑声。我不动声色地走到教室门口见教室上空还飞着两只纸飞机，黑板下的地板上还躺着几只纸飞机，平时爱出风头的两个学生边笑边舞着手，

师爱绵绵篇

引得全班同学观看。"自然老师来了!"有人看到了我,小声地提醒其他人,教室里迅速安静下来,那两个带头的学生直到旁边的人用手捅他们,才慌慌张张地停下。

当时我恨不得马上把他们狠狠批评一顿,但在走向讲台的时候我改变了态度,我捡起讲台边的纸飞机,清了清喉咙,笑了笑说:"正在举行飞行大赛呢,瞧这架飞机折得多精致呀,关于飞机,同学们都知道哪些知识呀?"

我话音刚落,学生们便议论了起来,"飞机是由机身、机翼组成的。""飞机是莱克兄弟发明的。""飞机的形状很像鸟类,人类可能是从鸟这种动物的身上得到了启示从而发明了飞机。"……"人类正是在鸟这种生物的启示下,经过反复实验,发明创造出了飞机,实现了在天空飞行的梦想。除了鸟之外,自然界里的许多生物,都有着奇特的本领,给我们人类的发明和创造带来许多灵感和启示。通过今天这堂自然课的学习,也希望你们获得灵感和启示。"我自然而然地导入今天的内容《生物的启示》。

案例分析

如果老师当堂把那两个带头淘气的学生狠狠地批评一顿,如果当时老师把那两个学生送到班主任那里,如果……,正因为老师的包容,教育了那两个学生;也是老师的包容,让这群孩子知道了知识的重要。

在教学过程中,宽容体现在对学生的教育上。教师处理问题要有余地,但并不是无原则的放任自流,教师对有过错的学生应因势利导,要用宽容的心教育学生,人非圣贤,孰能无过。学生因缺乏自控力而犯错误,这是人成长过程中必然出现的一种现象,从某种意义上讲,成长的过程就是犯错改过的过程,宽容学生的错误是理解学生,爱学生的表现。因为宽容,老师给了学生足够的尊重,给学生留足了面子,更给了学生一个反省和改过的机会。宽容是一种无声的教育。它的教育力量常常超出我们的想象，在这个案例中，这位教师以一种积极有效的高层次的教育态度包容了学生，让孩子们知道了知识的重要，更有胆识直面错误，改正错误，尝试新的事物。

如果说"没有教育不好的学生"是唱高调，那么"没有不能教育的学生"则是实实在在的道理。尽管中学生逐渐接近成年，但他们毕竟还是孩子，孩子的天性就是渴望独立，就是会犯错误。班级不可能不出问题，学生也不可能不犯错误，如果问题出在班风或学风方面，就必须特别重视。而对一般性的问题，要适当"容错"，只要学生意识到并努力改正就行了。

对学生严格要求，不放松常规管理，但绝不是管得越严越好，跟得越紧越好。对于高年级学生更应该这样，否则可能会引起学生的逆反心理。教育首先是服务，管理首先是尊重，相处贵在信任。坚持一切班务都和班干部商量，和学生商量，既讲原则，又要充分听取学生意见。大到自主管理各岗位的设立、确定人选、各项活动的安排，小到值日组的调整、座位的调整、寝室的分配等，都应和学生商量完成。要充分相信学生，逐渐从事无巨细中解放出来，从早晚跟班中解放出来，不要总怕出事，如果什么事情都不出还要班主任干什么？在循规蹈矩之中培养教育出的学生一定缺乏创造力。

教育时机的把握非常重要，这就像烧菜的"火候"或军事上的"战机"，往往稍纵即逝，而把握住时机则可收到事半功倍的效果。

师爱绵绵篇

4. 让虚心接受帮助你进步

　　我国传统的教学观念根深蒂固，"一日为师，终身为父"一句道出了学生对教师的尊重，但另一方面也拉大了老师与学生之间的心理距离。学生会觉得老师永远是对的，老师不应该犯错误，犯错误的老师没能力等等，其实，"人非圣贤，孰能无过？"而老师也有一种高高在上的感觉，认为自己不应该犯错误，并且害怕在学生面前失去尊严、丢掉面子，就怕听到学生对自己的不满和批评，听到后也不能正确对待。总是妄图通过高压政策，让学生怕自己，服从自己。这些不正确的观念，在学生和老师之间架设了一堵厚厚的墙，无法逾越。我们的教育应当是民主、平等、理性的，不是高压，不是逃避，不是逞英雄。老师要试着跟学生交朋友，倾听学生的心声，接受学生的意见和批评，跟学生共同进步。

经典案例

　　上学期，班里接二连三出现了不少问题，如早操迟到，自修课吵吵闹闹，作业拖拉或干脆不交，抄作业现象屡禁不止等，与其他班级相比，我们班学生明显好动、顽皮，面对这一大堆情况，我深深地感到不安和烦躁，由于自己心情不好，再加上学生频频犯错误，我常常用急风暴雨式的批评，激烈过火的话说了很多。然而班级情况只是表面上稍好一些，实质上并没有大的改变。

　　有一天，突然读到学生的一篇周记，其中有一句话引起了我的深思：班主任天天都找理由骂人，虽然心理知道班主任是为大家好，可就是受不了。

我领悟到：在教育学生时，要和他们处在一个平等的位置上进行谈话，这样才有利于沟通，才能更好地了解学生，帮助教育学生。

我决定召开一次以"沟通"为主题的班会。

为了消除学生对我的顾虑，为了让学生都能讲心里话，我特意把班长、团支书找来，让他们去做同学们的工作，并让他们转告其他的同学：班主任以人格担保，绝不会对说真话的同学进行打击报复，请全班同学监督。

我一再告诫自己：这次无论学生怎么说，说什么，我都要微笑面对。即使学生言语过激，也要耐心听取。

主题班会如期召开。首先是班长、团支书发言，我都给予了真诚、耐心地回应。当学生们确信我是真心接受他们的批评意见时，他们的发言越来越踊跃，很多学生把平时压抑在心底里的话都说出来了。

学生1："为什么不让我们在业余时间看电脑游戏书？要知道这是一个电脑时代，再说，我们也不见得会'走火入魔'。"

学生2："有一次在自修课上，我前桌的班干部和我讲话，你来的时候正好看到我在说话，你问也不问就把我叫出教室，在门口狠狠地骂我，而对这位班干部却连一句批评的话都没有，我不服你。"

学生3："我的手机丢了，我不想说，也不敢说。因为按以往的教训，跟你说了，你反而会骂我，说我违反校规带手机，丢了是活该。因此，我不信任你。"

学生4："你说我和菁的交往超出了一般男女同学的范围，我们一点儿也没有啊！我们是好朋友的关系，我们坐在一起常常在讨论学习问题，根本不像你想象的那样。"

学生5："你说话老伤我们的自尊心。例如，每当我们考试成绩不理想时，你总说一句口头禅'你们这批人太差了，笨得跟什么似的，根本不能跟我以前教的学生相比'，难道我们真的不如他们吗？难道你

不能说一些鼓励的话给我们听吗?"

学生6:"有的同学乱扔纸屑或大声关门,你就说'素质太差'!"

学生7:"你每天都有理由骂同学,很少听到你的表扬。"

……

从学生们的话语中,我悟出了学生对班主任的要求:①平等待人;②工作细致周到;③先调查研究再下结论;④说话要讲求艺术性;⑤多鼓励,少批评等。

这次主题班会开得十分成功,从这以后,我发现班级情况有了很大的转变,尤其使我高兴的是,我与学生们的距离缩短了。

案例分析

这次活动让这位老师认识到,以前最失败的事是对学生缺少关心、爱护、宽容和赞扬,缺少与他们的沟通。而让他倍感欣慰的是,在此次活动中,学生对他说了实话,让他悟出了一个道理:要做一名好老师,必须树立以学生为本的思想,事事处处要讲科学、讲方法、讲策略、讲沟通,千万不能由着性子不分青红皂白地批评学生。在班级工作中应多一些鼓励、表扬,少一些说教、批评;要站在学生的角度想问题,严于律己,宽于待人,在民主氛围中进行思想教育;要营造学生人人敢说话,敢说真话的氛围;要以爱学生的心态投入到学生中去,既要立威,又要关爱,爱是做好一切事情的润滑剂。

更重要的是,老师要敢于让学生讲真话,敢于直面学生的批评,给学生创造说心里话的机会。当学生的怨气得到了宣泄,你的诚恳态度打动了学生,学生会更愿意接受你的教育。你会发现自己在学生心中的地位非但没有降低,反而赢得了学生的信任。

5．让赞美成为学生前进的动力

赞美是对于美好事物表示肯定的一种表达。恰如其分的赞美能使我们更好地与他人交往，从而增进彼此之间的友情。

需要赞美是人的本性，赞美具有不可替代的力量。马克·吐温说过："只凭一句赞美的话，我就可以充实地活上两个月。"赞美学生是人文精神在教育教学过程中的渗透。它要求老师应看到人性的美好，看到每个学生都有追求进步、积极向上的倾向，都有聪明、好学、向善的一面。同时，必须以平常心去看待他们的每一个长处，肯定他们的每一次进步，自然而然就会发现学生的每个闪光点，欣赏他们的价值，从而帮助学生树立自信心、拥有自豪感。对待学生的失败和错误，我们不能采取责骂、惩罚的态度，而要能以一种宽广的胸襟给予谅解宽容和鼓励，并为他们指出一条解决问题、改正错误的途径。学生长期生活在和谐、温暖、相互信任、相互赞美的氛围中，就能养成积极向上的健康心理，就能以积极主动的态度去学习新知识、探索新方法、研究新问题。这样，不仅能使课堂充满生命活力，而且使学生的学习生活充满着掌声、笑声，充满着决心和信心。

美国著名的心理学家罗森塔尔，1968 年曾在加州的一所小学各班中随意挑选出 20％ 的学生，私下对老师们表示这些学生都是最有前途的。老师们"知道"教室中坐着一些与众不同的学生后，虽然依约没有明言，却一直对这些学生充满着热切的期待，而学生们也感受到了老师们的这种期待暗示和鼓励赞美，因此刻苦求学，锐意进取，孜孜以求。八个月后，奇迹出现了：这些被随意抽出来的学生，包括以前平时

成绩中下的，学习成绩全部优秀！而且与他人关系融洽健康。这就是著名的"罗森塔尔效应"。

美国心理学家特尔福德认为，驱使学生学习的基本动机有两种：一是社会交往动机；二是荣誉动机。前者表现为学生愿意为他所喜欢的老师而努力学习，从而获得教师的称赞，增进师生情谊；后者则是一种更高级的动机，它是人们要求在社会上取得一定地位、待遇的愿望体现，如追求别人对自己的尊敬，希望获得别人的肯定、赞扬和称颂等。这两种动机是学生学习自觉性和积极性的心理基础。基于上述两种动机，若要学生积极进取，刻苦求学，教师就应毫不吝啬地赞美学生的各种优点。

每个人都需要善意的赞美。善意的赞美实际上是一种投入少收益大的感情投资，是一种驱使人奋发向上、锐意进取的动力源泉。每个学生都有其值得称道的优点，教师应视学生的具体优点，进行私下赞美或当众表扬，做到物质奖励与精神奖励相结合。这样，赞美将会成为激励学生奋发向上、刻苦求学的巨大动力。

经典案例

张鸣是我曾经教过的一名学生，他非常聪明，但就爱玩游戏，不喜欢学习。

为了让他按时完成作业，他的父母竟然许诺：每天在一定的时间前完成作业可以玩半小时的电脑。这样一来，这孩子的作业是能够及时完成了，但明显是敷衍了事，作业质量很低。

我经常在想应该怎样帮助一下张鸣，让他的聪明用在学习上，进而提高他的学习成绩。

有一次上语文课，我提了一个问题，别的孩子都想不出来，没人举手回答，我非常恼火，心想这节课是白上了，没有一个人知道。

这时，张鸣举起手来，这一举动让我非常吃惊，因为他平常是很少举手的。平时要是让他回答个问题是极其困难的，这回不知为什么这么积极。我立刻叫他起来，只见他流利地说出了他的想法，答案出乎我的意料，跟我原先设想的完全不一样，但我转念一想，这样解释也合情合理，真不错呀，这不禁让我对他另眼相看。"真有创意，老师都没你想得全面！"我特意提高音量赞叹道。同学们一听我说，仔细想想也觉得有道理，纷纷把惊讶的目光投向他，我发现他的眼中闪出从未有过的光芒！

我想了想，打铁要趁热。于是，当学生们读课文时，我走到他身边，俯下身，轻轻说："你是个爱动脑筋的孩子，回答问题又这么有见解，如果学习上态度再认真些，那你肯定会赶上班里的优秀生的。"他不好意思地看了看我，点了点头。

事后，我仔细观察他一段时间，发现在我讲课时，他听得认真多了，在小组讨论交流时能积极与其他小组成员配合，大胆举手发言。他的声音很响亮，我们班每次参加歌咏比赛都是他担任解说词的朗诵，所以我不管他回答得是否完整，都会耐心地倾听，对满意之处表示赞赏，对有错误的地方，及时给予引导。从此，课堂上他发言的次数多了，洪亮的声音常常在教室里响起。

心理学家威廉杰姆士说："人性最深层的需求就是渴望别人的欣赏和赞美。"马克·吐温也说过："只凭一句赞美的话，我就可以快乐两个月。"可见，赞美对人的情绪有多么大的影响。

经典案例

上海市奉城第二小学优秀教师何秋妹非常善于运用赞美的方法。下面是她的一个教学片断：

有一次，何老师教授《我爱三峡》一课，学习完课文后，为了加深学生对文章的理解，她让学生们齐读课文。但让何老师恼火的是，这么一篇文字优美、富有情感的文章竟然被学生读得不愠不火，就像一杯

白开水一样淡而无味，学生们一个个应付差事似的读着课文，让人看不到一点兴趣和积极性。

面对这种情形，何老师只好打断朗读，来自己示范。她有意识地一会儿睁大眼睛做惊美样，一会儿闭目做享受态，通过自己抑扬顿挫地朗读和变幻的眼神带领学生一起走进三峡，共同领略三峡的美丽与壮观。

读完课文后，何老师问道："哪位同学想示读一下？"

几只小手举了起来，都是平时课堂上比较积极的学生。这时，何老师发现平时沉默寡言、不爱说话的刘梅也举起了手，但却举得很低，刚刚高过课桌，似举似不举的样子。显然，刘梅有些胆怯。何老师并没有马上叫她站起来朗读，而是微笑着向她投去真诚的目光，似乎在对她说："老师相信你一定能行！"在老师鼓励目光的注视下，刘梅的小手举高了。

"请刘梅来读一读好吗？"何老师喊起了刘梅。

刘梅羞涩地站了起来，开始读得声音有点小，随后渐渐地投入到课文当中，读得声情并茂，把三峡的雄、险、美表现得淋漓尽致。

这时，何老师用赞许的目光看着刘梅，大声夸奖道："你读得真棒！你的朗读给大家以美的享受，真是大家学习的榜样！老师希望以后能经常听到你优美的朗读声。"

听了何老师的赞美，刘梅心里乐滋滋的，用喜悦的眼神望着老师。

看到刘梅被老师赞美，学生们的情绪被调动起来，特别是一些平时不爱举手发言的学生，也勇敢地举起了手，纷纷抢着示范朗读。见此情状，何老师一一满足了他们的愿望。

读完课文后，何老师又继续分析讲解课文，受到老师赞美的影响，接下来的时间里，学生们始终保持着高昂的情绪，抢着回答问题，课堂气氛热烈而有序。

案例分析

研究表明，人的内心深处都有一种被尊重、被认可的渴望，尤其是精神世界正在形成期的少年儿童。他们非常需要得到老师的认可，特别是在学生努力后，这种证明自己努力没有白费的需要尤其强烈。当接受赞美的学生听到来自老师的肯定后，自然就会产生成就感，而成功的喜悦更能激起一个人的斗志，这正是古人说的："数子十过，不如奖子一长"。而与此同时也鼓励了部分缺乏自信的同学，使他们跃跃欲试，并且努力做得更好。这就是赞美对学生情绪的积极作用。

据一份报道分析，对孩子的褒贬，以黄金分割比例最恰当。即对孩子的表扬和赞美要占 2/3 左右。教育孩子既要有大量赞扬和肯定，也要有批评和分析，而且要尽可能掌握好事实和比例，只有这样，才能使孩子既看到自己的优点，也明白自己的缺点，既有自尊心和自信心，也有一定的耐挫能力。

总之，赞美是每一名学生都渴望得到的，是我们每一位教师很容易做到又不太容易做好的一件事。如何恰到好处地赞美每个学生，使其永远保持奋发向上的动力，确实是值得我们仔细研究的问题。老师的每一句发自内心的赞美都将成为学生永恒的、甜美的回忆，也必将成为他每一个进步的里程碑。

教师一句激励的话语，一个赞美的眼神，一个鼓励的手势等，往往能给我们带来意想不到的收获。所以请不要吝啬赞美，因为赞美是春风，它使人温馨和感激；请不要小看赞美，因为赞美是火种，它可以点燃心中的憧憬与希望。所以，我们教师应该学会赞美学生，乐于赞美学生，从而激发学生听课的积极性，提高课堂教学的效果，使学生在赞美声中健康、快乐地成长。

师爱绵绵篇

6．让学生正确认识自己

自大就是自己过高地估计自己，是一个人对自己不客观的夸张。炫耀优点，无视不足，是心理不健康的一种表现，它极易在家庭条件优越或有学习、专长优势的中学生身上表现出来。人的自我意识主要包括三个方面：自我认知、自我意志、自我情感体验。人评价自己，要靠自我认知，有的人过高地评价自己，就表现为自大；有的人过低地评价自己，就表现为自卑。自负往往以语言、行动等方式表现出来。自大实质是无知的表现，主要表现在不自知。无知有两种表现，一是盲从，二是狂妄。自大有时表现为狂妄。

自大者性格常常表现在以下几个方面：

（1）自以为是。自认为无人能敌，把别人都不放在眼里，很难听取旁人的意见和看法。

（2）生性多疑。对谁都不放心，能共患难，不能共富贵。

（3）任人唯亲。对自己的崇拜者和忠于自己的人给予极大关照，很难唯才是举，海纳百川。

（4）语言行为偏激。总认为自己是对的，并且考虑问题总是以自己个人的喜好判断为出发点，容易先入为主。

（5）喜欢针对人做事情不喜欢针对事情做事情，喜欢树立绝对的权威，对于异己绝对毫不留情。

对于心智尚未成熟的学生来说，他们更容易产生自大心理。自大心理对于学生的成长和发展极为不利，不但容易造成他们学业上的挫折，还会成为他们社交上的障碍。更严重的是，自负心理还会影响他们以后的事业以及人生的发展。

所以，我们教师要正确引导学生，指导他们在认识和评价自己时要全面客观，不能只看优点，不看缺点，也不能夸大优点，缩小缺点。帮助学生正确认识自我，让他们接触优秀的同伴，进而领悟"山外有山，人外有人"的深邃。

经典案例

某中学的孙老师发现班上的李龙同学是一个很骄傲学生，他总是仗着自己学习成绩好而不把同学放在眼里，总是嘲笑、挖苦那些成绩不好的同学。不仅如此，他甚至连老师也看不起，认为自己处处都是对的。同学们对李龙的这种自大的表现都十分反感，跟他也相对比较疏远。

孙老师并没有批评李龙的这种表现，因为孙老师知道，这种自大的学生是很难听进批评的。于是孙老师安排了一次班会，主题是"我要做什么样的人"。

在班会上，孙老师让同学们都发言，说说什么样的人是自己最喜欢的人，而什么样的人又是自己最讨厌的人，两种人的身上具有什么样的特征。

同学们纷纷举手发言，孙老师在黑板上逐一记下了同学们的看法。最后通过归类总结，同学们最反感的人有如下特征：狂妄自大、不把别人放在眼里、不懂得尊重别人以及尖酸刻薄等。

当孙老师把这些特征逐个念出来的时候，他发现李龙的脸上显露出一种疑惑的神情。显然他也意识到了这些特征都在自己身上表现出来过，他更没有想到自己竟然如此令别人讨厌。

而同学们最喜欢的人又有如下特征：乐于助人、友善亲切以及谦虚好学等。接下来，孙老师给学生们讲了几个关于"满招损，谦受益"的小故事，告诉学生们应该如何正确地对待成功和荣誉，这使全班同学都受到了很好的教育。

在班会上，孙老师看到李龙的神情由不可置信变为沉默不语，显然这堂课已触及了他内心的一些东西。

过了几天，孙老师又借故找李龙谈话，深入地了解了他内心的想法，并就"自大"这个问题进行了剖析。李龙红着脸承认自己是有些看不起别人，也表示愿意改掉自己这种坏毛病，做一个同学们都喜欢的人。

过了一段时间，李龙果然改变了不少，不再像以前那样动不动就讽刺其他同学，也变得愿意帮助同学了，和同学的关系变得很融洽。

经典案例

浙江省德清县实验学校潘虹森老师的班里有一个学生赵丽。这个学生不仅长得很漂亮，成绩也很好，一直是班里的骨干，担任了班级的很多工作。可是，潘老师发现赵丽越来越自命不凡，和同学的关系也不太好。

有一次潘老师就成立班委会的事情在班会上征求赵丽的意见，赵丽一会儿说这个同学太笨，一会儿说那个同学不会说话，谈起同学来不是摇头就是撇嘴，一幅很不屑的样子。她的这种态度让同学们非常不满，于是，在竞选班干部时，赵丽落选了。这给了赵丽很大打击，她当时就急哭了，中午还拒绝吃饭以示不满。

潘老师明白，这是由于赵丽从小就受到师长的宠爱，慢慢养成了自高自大的心理。潘老师决定利用这次挫折，让赵丽好好反省一下自己。

在一次课上，潘老师布置了作文《假如我是……》，赵丽的文章题目是《假如我是公主》，文章中处处流露出作为一个公主的自信与傲慢。而班中的另一位学生写了一篇名叫《假如我是一位母亲》的文章，既朴实又感人。潘老师就在班上把这两篇文章都读了，并让同学们一起来评析。不少同学都指出赵丽的文章太过骄傲，充满了轻视别人的意思，而另一位学生的文章则真实感人，能够引起大家心灵的共鸣。

赵丽当时非常生气，也很不服气。课后，潘老师找她谈话，和颜悦色地指出她的长处和缺点，并告诉她做人不能太过骄傲，应该正确认识自己。另外，还指出了她落选班干部的原因就是太过自大，把当班干部看成了一种炫耀，而不是为班级服务。

赵丽听了潘老师的话后，觉得很惭愧，她表示以后一定会改过。果然经过这次挫折，赵丽变了，变得乐于听取同学们的建议了，也变得乐于助人了。

后来，在第二次的班干部竞选中，赵丽以全票通过当选为班长。

案例分析

教学过程中，我们常常会发现这样的现象：有些学生，表扬他，他骄傲自满；批评他，他一蹶不振。由于认识能力、判断是非能力、理解能力等诸多因素的影响，有时候学生脆弱的心理导致了鼓励和批评这两种重要教育手段无法有效实施。案例中的两个老师，能及时发现学生存在的问题，并量体裁衣，对症下药，无疑是成功的表率。

自大的学生常常把自己的地位、作用等看得很重要，片面夸大自己的价值。其危害是可想而知的。因此，作为教师，对这类学生进行心理辅导是非常必要的。雅典智者教导弟子说，认识自己，方能认识人生。通过引导学生正确认识自己，正视自己的缺点与不足，才能使其在成长的道路上踏踏实实地迈好每一步。

师爱绵绵篇

7. 让浮躁远离你的学生

浮躁是一种情绪，一种并不可取的生活态度。人浮躁了，会终日处在又忙又烦的应急状态中，脾气会暴躁，神经会紧绷，长此以来，会被生活的急流所裹挟。凡成事者，要心存高远，更要脚踏实地。所以说，浮躁是成功的天敌。

对于学生来说，他们更容易出现浮躁情绪。有些学生出现浮躁情绪后，老师没有及时发现并给予提醒和纠正，学生也没有意识到这是一种不良情绪，而是将它保持了下去，久而久之就成了一种习惯。

浮躁情绪是学生常见的不良情绪之一，它会导致学生不能静下心来学习、做事，最终一事无成。因此，老师对这种情绪要及时加以引导、管理。

经典案例

深圳邦德教育学校的优秀教师谭瑞伟老师曾经教过一个叫吴凯的学生。谭老师发现吴凯上课的时候很不认真，不仅坐姿不端，总是扭来扭去，喜欢跟同桌交头接耳，还经常不屑地乱接话，作业更是错误连篇，考试成绩很不理想。

谭老师私下找吴凯谈话，希望他能改掉这些毛病。吴凯听了以后很诚恳地表示自己一定要改正缺点，并保证一定会考出好成绩给老师看。

经过这次谈话，吴凯上课时的表现确实好了一些，也能踏踏实实地听课了。可好景不长，才几天的时间，吴凯又"旧病复发"了。他好

优秀教师课堂情绪管理的智慧

像忘了自己对谭老师许下的诺言，又开始不安分起来。

看到这种情况，谭老师意识到这个学生的问题比较严重。如果不能让他安下心来，根本不可能提高他的学习成绩。为了帮助这个学生，谭老师找到了吴凯的父母了解情况。据他的父母反映，吴凯性格很浮躁，做什么事情都没有耐性，成绩一直都不好，父母对他很失望，也很无奈，希望谭老师能够帮帮吴凯。

了解到这些情况以后，谭老师又找到了吴凯，跟他进行了一次长时间的谈话。在谈话的过程中，谭老师感觉到吴凯的浮躁情绪的确很严重。不管什么问题都不求甚解，跟他说一件事情他总是才听了几句就迫不及待地答话，好像非常明白，但如果深问下去就发现他根本没懂。

吴凯也很清楚自己的缺点，他有些沮丧地告诉谭老师，他知道自己很浮躁，也努力想改正，可就是静不下心来，做什么事都毛毛躁躁的。他还对谭老师说：“上次您跟我谈完话后，我真的想改，可是坚持了没几天就又跟从前一样了。”

谭老师听了后，语重心长地鼓励他说：“你之所以做什么事都浮躁，就是因为你没有养成良好的习惯，只要你肯相信我，我一定能帮助你改掉这个毛病。”

接着，谭老师就帮吴凯制订了一份学习计划。他要求吴凯上课要跟着老师的思路听讲，每天在学校必须完成一定量的作业，并且给他安排好了做作业的时间，在这个时间内要完成的就不能拖拉，也不能利用其他时间。谭老师还教给吴凯一些学习的技巧和合理安排时间的方法，并且跟他的父母取得了联系，请他们在家督促他学习。

吴凯按照谭老师的学习计划进行了一段时间，成绩果然有了一定进步。虽然这进步不是很大，但却激起了他的信心，使他更加自觉地执行谭老师的计划。现在的他上课非常认真，笔记记得整整齐齐，回答问题热情积极，作业都会按时完成，而且作业的正确率也非常高。在期末考试中，他还取得了年级第二名的好成绩。

更难能可贵的是，吴凯现在已经习惯了有条理、成系统的思维。无

师爱绵绵篇

论学习还是做事，他都能有条不紊、沉着冷静地进行。

看到吴凯的成功改变，谭老师感到无比的高兴与欣慰。

案例分析

案例中的谭老师能及时发现学生的问题，并采取有效措施，及时与学生、家长沟通，帮助学生克服了浮躁情绪，使学生能够静下心来学习，并提高了学习成绩。这样的做法值得我们学习。

现如今，随着学习压力的增大以及社会、家庭方面的原因，不少学生似乎少了耐心，多了急躁；少了冷静，多了盲目；少了脚踏实地，多了急于求成。我们知道，浮躁情绪对处于学习期的学生危害极大，如果不能进行适时的调整、纠正，会对学生将来的发展产生不利影响。

因此，我们教师应该加以正确的引导，让学生真正静下心来，认真地去学习、工作。因为只有拭去心灵深处的浮躁，才能体会到学习的乐趣和生活的美好。

8. 让你的爱没有遗忘的角落

高尔基说过："谁爱孩子，孩子就爱他，只有爱孩子的人才可以教育孩子。"作为一名教师，对学生要有爱心，要像爱自己的孩子一样去关心、爱护每一个学生。因为只有爱，才能使学生感到温暖，才能使学生消除戒备心理，才能使师生之间没有隔阂，情感更为融洽；因为只有爱，才能消除学生压抑的心理，才能为充分发挥学生的潜能，创造良好的心理环境。

然而，在课堂教学中教师往往不是平等地对待每一个学生。优等生受表扬鼓励的多，参与课堂训练的机会多；差生受训斥的多，参与课堂训练的机会却很少，甚至有的受到体罚和变相体罚。这种人格上的不平等，抑制了学生个性发展，挫伤了绝大部分学生的学习主动性和积极性。

真诚的师爱是深入学生心灵的途径，是开启学生心灵之门的金钥匙，是激发学生上进、努力的催化剂。爱是信任；爱是尊重；爱是鞭策；爱本身就是一种能触及灵魂深处的教育过程，学生更需要教师家长般的关爱。

教师不但要爱学生，而且，对学生的爱应该是平等的，也就是把爱给每一位学生，对全体学生都公正平等、一视同仁，从而取得学生的信任。一位教育家说过："教育的全部奥秘，就在于使受教育者对自己充满信心，对前途充满希望。"教师是"人类灵魂的工程师"，那么学生就是工程师所需的原材料，没有原材料，工程就不能进展。只要教育充满爱，教师对后进生的关心爱护，就可转化为他们内心自我肯定、积极

向上的力量，使他们对未来充满希望，从而使之转化为好学生。

教师对学生的爱应是纯洁的、公正的，不能有半点的虚情假意和矫揉造作，特别是对那些后进生，教师更应该多关心他们，努力发现他们身上的闪光点，创造一些表扬他们的机会，多给他们一些温暖，或许一个鼓励的眼神、一句温暖的话语就能激起他们的信心，成为他们前进的起点。能公正地爱每一个学生是教师心灵美的表现，是具有良好的师德修养的表现，在教师的眼里，每一个学生都是平等的，没有高低贵贱之分，教师对所有的学生应一视同仁，要让每一个学生都沐浴在师爱的阳光之下。

经典案例

有一个叫锋的学生，因父母长期不和，他无人管教，性格怪僻，喜怒无常，经常打架，在课堂上闹，不服老师管教。

那一年暑假，家属区就议论开了：津南村有个淘气的学生，该读初一了，哪个班主任摊上就倒霉了。我怀着一份好奇心，到处打听这个学生到底是谁，名气这么大。开学的前一天，我看见操场上有几个男孩在踢足球，真有个男孩像人们所说的锋。因为在这之前，我就拿到我班所有学生的档案，他这么出名，当然他的照片我要多留神了。于是我走过去打听，果然是他。

我说："你知道吗？我是你的班主任。"他说："听说了。"接着我又说："以前的一切都忘掉，从现在起，你是一个新生，一切都以新的面貌开始，你除了喜欢踢足球，还喜欢别的体育项目吗？"他回答道："还喜欢短跑，曾经在校运会上获得过第三名。""那么就当体育委员吧，再组织一个小足球队，我负责给你们联系比赛。"这次谈话就这样结束了。

出乎意料的是，就这么两三分钟的谈话，居然对这孩子以后的成长起了巨大的作用。谈话的当天晚上，他这么小的孩子却失眠了，怎么也睡不着。他想：这个老师太好了，这么看重我，一定要好好干出个样来，给那些瞧不起我的人看看。

初一到毕业，三年中我见过他父亲两次，母亲一次也没见着，他从不来开家长会。有一次家访，他父亲说："这个娃儿完了，不可救药，只好让他烂下去。小学时，每次到老师办公室就像斗地主一样，所有老师都在告状，数落这小子，我们当家长的，也没脸面，各种方法都用尽了，用皮带抽，绑起来打，有一次还威胁他，再捣蛋就绑着推下杨公桥，可他仍然屡教不改。"

由于这个孩子倔得很，一下子改好也是办不到的。我始终对他动之以情，晓之以理，尽我的全力，从生活上关爱他。

初一下学期时，他的爸爸突然消失了，成群结队的人到他家里要账，把他妈妈惹烦了，也出去鬼混，只是每月给他买50元钱的饭菜票。他经常一天只吃两顿或一顿饭，而他吃得特别多，那点儿饭菜票根本不够。冬天，毛衣也没有，冻得直哆嗦，我就把他接到我家，在我家吃饭，给他厚衣服过冬，晚上守着他做完作业再让他回家，以此来弥补他失去的母爱。

这孩子的确很争气，从初二开始，成了我最得力的小助手，工作做得有声有色，每次运动会，我无需过问，他一手包干，学生也服他，同事都羡慕我培养了一个这么得力的班干部。

毕业考试，他考上了高中，但由于找不到父亲，母亲拒绝再负担学费，他只好放弃。第三年工厂里招工，我拿了40元钱给他报名参加考试。当时有近100人参加考试，只收10人，他考了第一名。工作后，他坚持自学高中课程，参加成人高考补习班补课，他考上了电大工业管理专业，圆了他的读书梦。现在已在某厂当干部。毕业后他经常抽空看望我，前年得知我要搬家的消息后，他立即找了班上几个同学，连续两个星期下班就来，从头到尾我没有一点儿插手的机会。他们说："覃老师，你要怎样布置，只要开口说一声，一定让你满意。"好多同事都羡慕不已，有的甚至对我说："你的这些学生比亲儿子还好！"

就在锋同学这个班，还有几个家庭破裂的学生，与继父继母的关系很不好。这些小孩几乎心理变态，他们总觉得世界上的人都很坏，没有"爱"可寻。

针对这种心理，我经常把他们组织起来，和他们一块儿爬山或到沙坪公园去玩儿。我每次都把几斤面拌成凉面，带上佐料、一个八磅水瓶、一大张塑料布，一边走路一边给他们做工作，教会他们怎样爱自己的亲生父母，正确处理与新家庭成员的关系，多关心同学。我还通过家访，把学生的困惑讲给家长听，并希望家长多给这些孩子一点关爱，协调他们之间的关系。

有一个学生的母亲是农民，继父掌管家庭经济。小学六年时间里他从未参加过需要花钱的集体活动，每次我们班外出春游、秋游，我都主动为他出一半的钱，再号召全班同学多出几角钱，使这个同学很受感动，他改变了以往对班集体漠不关心、对同学冷淡的态度。这些学生都顺利地考上了高中。1996年8月，该班的全体学生在宴宾楼包了4桌酒席，为我操办40岁生日庆典。最远的学生从桂林专程赶回来，觉都没睡，没有回去看父母，直接到我家，那热闹的场面，让酒店里的老板都感动，他也主动来为我敬酒，并对我说："老师真光荣。"饭后，大多数学生告别了，当年最调皮、最让我操心的一个学生专门租了辆小车，陪着我到城里兜了一圈。还有一个调皮生，参军后第一个探亲假，下火车已是深夜了，父母接他时，他却执意要来看望我后再回家。

案例分析

每当我们说到教育之爱或教师之爱时，往往都用"博爱"一词，好像不这样就不足以"言尽其意"。因为有了爱，我们的教育才变成最"人性化"和最富有"人情味"的事业。而在一切教师之爱中，宽容也许是最必不可少的。为什么？因为学生都是涉世未深的孩子，连成人都难免有错，何况孩子？宽容就是教师从心底里理解、体谅学生的"不

优秀教师课堂情绪管理的智慧

完善"，对学生的过错给予谅解。它既是处理师生关系的有效方法，也是允许学生自我认识和自我转变的科学态度。宽容比训斥更能感化学生，更有利于学生接受教育。诚如苏霍姆林斯基说的，有时宽容引起的道德震动，比处罚更强烈。关于这一点，通过帮教"问题学生"，使其重新获得新生，会让人体会最深、最难忘记。

教师与学生建立起很深的感情后，不但使得学生与老师能够进行心与心的交流，还可以培养他们克服困难、积极向上的精神，养成良好的品德、个性等，这样我们的教学会收到事半功倍的效果。

经典案例

2004年9月我到求实中学初二（1）班上第一节物理课。当时，我是这样引出课堂内容的："同学们，当你手捧崭新的物理课本时，请你告诉我你的第一想法是什么？"

由于是新班的第一节课，我一个学生的名字也叫不出。就只好按座位依次提问。答案千奇百怪，如："物理老师长得怎么样？物理讲的是什么？""物理好学吗？""物理有用吗？"对同学的回答我都报以满意的微笑。当轮到最后一排的一位同学时，他的回答是："我拿到物理课本时，我的第一感觉是烦死了，恼死了！团为多一门课，又多了一门作业。"

听到那位同学的回答，我感到非常突然而且有些不知所措，学生则以一种惊异的目光看着我，班里顿时寂静极了，好像预感到老师要大发脾气。面对这突发的事件，我竟没有任何怒气和抱怨地说："请同学们放心，物理作业非常少，只要认真听课甚至可以不写作业，最多半个小时作业，在学校可以写完，不留家庭作业。"

话音刚落，学生一片掌声，班里的气氛顿时轻松下来。当时我的话是情急之下发自内心的肺腑之言，没有带任何感情色彩和成见。课下我了解到那位同学是什么都不学、谁都不愿意接收的留级生。我非常庆幸

我当时不了解他的情况，才没有把他当成差生故意捣乱。不知道何种原因，我让这样的一名学生当上了物理课代表. 也不知他用什么方法，但总能把该班的物理作业收齐，让我少费很多心思，有时还帮我布置作业，给我帮助不小，其他课基本不学的他，有时还找些物理课外题来做，我记得有一次他的物理成绩在班里还名列前茅呢!

案例分析

在教学中，我们可以发现把握公正的天平的重要性——不但能激发学生的学习兴趣，而且对学生的品德，个性的发展产生直接而深远的影响。

教师的爱，是应当普遍地给予全体学生的，是应当包含着科学的是非标准的。因此必须充分体现出公正性。这里包括两层含义：一是教师必须公平地、一视同仁地对待所有学生，既不偏袒任何一名学生，也不委屈任何一名学生；二是教师必须公正地、是非分明地看待学生的各种行为，既要实事求是地看到他们的缺点，也要积极热情地赞扬他们的优点。公平和公正，是教师的爱应当具有的普遍性和科学性的集中体现，是使学生对教师感到可亲可敬的必备条件，缺乏公正性的爱，必然会带来各种副作用，不但不能推进教育活动的开展，反而会严重影响教育的效果。

要使教育真正具有公正性，教师就必须具有一颗无私的心，要随时随地注意防止和克服自己认识上的主观性和片面性，认真培养对于学生行为的准确而又敏锐的鉴别力，要敢于面对自己在处理问题时发生的失误，一旦发现就要尽快地、开诚布公地加以纠正。

一个公正的教师，会给予学生充分的自信心，使他们愿意学习、积极主动地学习，不断提高自己的成绩，同时，也会给学生道德心灵上带来极其有益的影响。

师爱是伟大的、神圣的，师爱是人类复杂情感中最高尚的情感，它凝结着教师无私奉献的精神，师爱是超凡脱俗的爱。这种爱没有血缘和亲情，然而这种爱却有一种巨大的力量。

师爱是教师所必须具备的道德素质之一，我们要经过有意识的锻炼才能做到，才能使师爱成为教育学生强有力的手段。

师爱绵绵篇

语言表达篇

　　语言是人类进行思维和交际不可或缺的工具。作为一名教师，要充分发挥语言的力量，跟学生进行有效地交流。上课时多一些幽默；写评语时，多一些鼓励，积极调动学生的学习情绪。

1. 语言，尽显独特魅力

　　语言是人类最重要的交际工具。人们借助语言进行彼此间的交流，同时利用语言保存和传递人类文明的成果。有句话说得好，办事要有分寸，说话要讲尺度。中国人自古就讲究说话尺度和办事分寸。古人说："遇沉沉不语之士，且莫输心；见悻悻自好之人，应须防口。"可见，与人说话蕴含着分寸的玄机。

　　说话不到位，说不到点子上，别人可能悟不明白，理解不透，琢磨不出你的真实用意，你提出的想法或要求也不会被人重视和接受，非但事情办不成，也常常被人瞧不起。这样怎么能换取别人的欣赏与亲善呢？怎么能赢得别人的友谊和器重呢？

　　此外，说话说得太过头也不行。好说大话，言辞太尖刻，让人听了不愉快，觉得你不识大体，不懂规矩，不知好歹，这样的人常常被人敬而远之，也同样无法与人正常交往。说话的尺度类似于一匹宝马，驾驭好了可以日行千里，帮你冲锋陷阵；驾驭不好，就可能让你摔跟头，甚至踢伤别人。

　　作为一名教师，尤其要注意说话的尺度，善于运用得体的语言解决教学过程中出现的种种问题，让它成为激励学生前进的助推器，而不是伤害学生自尊的利器。

经典案例

　　这几天学校组织初二年级学生去绍兴柯岩春游。下午五点多，我带

学生回到了学校。放学时，我再三嘱咐学生们注意安全，及时回家。

大约六点半的时候，饭刚吃了一半，我家的电话铃急促地响了起来。我走到电话机旁，"喂！李老师吗？我是军的爸爸，请问军春游回来了吗？""早回来了，已经一个多小时了，这孩子会不会又和其他同学一起去玩了？"我很好奇地询问。

哪知，晚上九点多了，电话铃急促地响了起来。我听了后才知道军到现在还没有回家。会不会出事了呢？我连忙劝慰，"你不要着急，我出来和你一起去找找看，你在家等我好吗？""好的！"

我来到军的家，和军爸爸一起把学校和他家附近的录像厅、游戏厅、网吧几乎找了个遍，平时和他一起玩的同学也都问遍了，就是没有找到军。在找完最后一家游戏厅的时候已经是深夜12点多了，军爸爸不好意地说："李老师，时间很晚了，看来晚上找不到了。明天再说吧！"此时，我也不知道用什么话去安慰他。自己一声不响地回了家，整个晚上都没睡好觉。

第二天早上，我早早起来到了学校门口，发现军的爸爸等在学校的门口，"军找到了吗？""没有。""军爸爸，我再向全班同学打听一下，问问其他班的同学，有消息马上告诉你。"去班级的路上我始终在想他会到哪去呢。走进教室，却发现军正坐在自己的位子上不好意思地看着我。这时我真的好气愤："军，你出来，你昨天去哪儿了？你知道我和你爸爸找了你一夜吗？你不回家也不会向家里打个电话啊？你这人有毛病啊？"我狠狠地教训了他一顿，军一声不响，只是一脸的恐惧。

但万没想到，就是这件事，就是这一句话的过失，使这个平时活泼、聪明的孩子，从此再也不喜欢说话了，见到我就远远地避开。期中考试一落千丈，这时我开始注意起他来，开始反思自己。我意识到，在处理军出走这件事上，是我一时冲动，说话太过分了，因而刺伤了他的自尊心。军那一脸的恐惧常常在我脑际浮现。于是，在一次广播操以后，我把军叫到了自己的跟前，我真诚地对他说："军，上次春游后发生的事，老师处理不好，老师向你道歉，请你原谅……"还没等我的话说完，军的脸一下子红了，眼泪不断地往下掉。"老师，是我不好，是我的错，我以后一定不会再犯这样的错了。"不久，一张天真可爱的笑脸又回来了。军在今年的中考中取得了优异的成绩。

案例分析

学生做错事常有发生，如果老师一时冲动，按自己的性子去办事，多数会把原来比较容易解决的事情搞砸。不论遇到什么事，作为老师，首先应控制自己的情绪，然后想一个合适的方法，选择一个合适的场合予以解决。更要明白，什么话应该说，什么话不应该说。相信，如果我当时能忖度一下自己的语言，平心静气地跟他谈，便不会有中间的小插曲。

当然，人无完人，老师也有错的时候，只要正确认识，善于发现自己的错误，及时反思、纠正，用妥善的方法去解决，相信同学们也一定会理解。但是，教师一定要注意跟学生的沟通技巧，切忌我们的不负责任的一句话可能会伤害孩子幼小的心灵，给孩子的一生造成无可估量的损失；相反，如果我们用得体、恰当的语言跟孩子交流，会使孩子感受到教师的关爱和温暖，成为学生进步的动力，同时也有可能让他们终生受益。

经典案例

为了了解学生的生活、学习情况，为了促进学生的学习、师生间的感情，我经常找学生谈话，今天我找了三个学生。

我首先找的是强。强的家长对他的希望很高，他是我们班级中学习中等的学生。他完全有能力学好，但就是对自己没有信心。于是，我便

和强展开了这样一场谈话。

我先问："这次期末考试你预期达到的目标是什么?"

他低着头支支吾吾,半天也没说出个具体目标。

我说:"一个人无论做什么事,只有有了明确的目标和必胜的信心,才能取得成功。如果连信心和目标都没有,那他做什么事都可能失败。学习也是一样呀。"

停了一下,我又轻轻地拍着他的肩膀说:"你知道吗? 强,实际上在老师眼里你一直是个聪明伶俐、很有后劲的学生。"强用疑惑的眼神看着我。我继续说:"你之所以还在那里停步不前,就是因为你对自己缺少信心,你不相信自己有进入前三名的实力。但我相信,如果你有了必胜的信心和明确的前进目标,不久的将来,我们班的学习标兵就又会多一个人,那就是你——强!"

强的眼神中立刻流露出了惊喜和自信。

然后我帮他分析了各学科中的强项和弱项,提了一些学习的建议,并商定以后一起探讨关于他奋起直追的学习计划。

当强走出办公室的时候,头抬得高高的,一副壮志满怀的样子。我意识到这次谈话是成功的。

第二个谈话的学生是艳。她是我们班学习最好的学生,一直很刻苦,今天我找她谈话主要是想了解一下她的复习备考情况。

我们开门见山:"艳,最近复习得怎么样?"

她向我做了简单的介绍。

我又问:"前几天你又考了第一名,感觉如何?"

她说:"没有什么感觉,因为我知道比我好的学生还有很多。"

我说:"那你说说,都有哪些同学呀?"

她一口气说出了十多个学生的名字。

我微微一笑,说:"你的心理状态很好,要成为最优秀的学生,必须知己知彼,这样才能取得最后的成功。"

优秀教师课堂情绪管理的智慧

后来我又勉励了她几句，她告辞而去。

最后谈话的是玲，她是班级中学习成绩最差的女生，除了文娱活动外，其他的都是一团糟。

玲站在那里，低着头，一言不发，她似乎已经感到了我要和她谈什么。我想如果和她直接谈学习，她心理压力一定很大，甚至会产生抵触情绪。

于是，我先让她坐在我的旁边。

我拍了拍她的肩膀，微笑着对她说："你最近在听什么歌？"她先吃了一惊，迟疑了一下，故作轻松地回答："我在听刘德华的专辑。"我说："不错嘛，在课余时间听听歌可以放松一下心情。我休息在家时也喜欢听听音乐。"她似乎一下子找到了知音，问我喜欢听什么音乐。我顺口和她谈了几首名曲。

我说："一个人在不同阶段要有不同的生活重心，你现在的重心应该是学习，如果你能在学习上再多用点心，学习一定会有所起色的。你说呢？"她沉默了一会，小声地说："我实在对学习没兴趣，也没信心，我的基础太差了，想学也学不好。"我说："只要你现在起步，就有希望，就像爬山一样，先爬的人离山顶比你近些，但只要你开始爬了，就会上升，就会慢慢地接近山顶。但如果你总是站在山脚下哀叹，那你永远都没有希望爬到山顶。你说是吗？"她点点头："老师，那你说我该怎么办啊？"我说："你要根据你自己现在的学习情况，给自己定一个切合实际的目标，有了明确的目标。加上你的努力，我相信你一定会进步的。"

最后，我说："你先回去想想，明天我们约个时间再一起谈谈你的计划好吗？"她高兴地答应了。

案例分析

老师在和学生谈话时，要有针对性，要时刻注意自己的语言，对不同的学生要采用不同的教育策略。跟学生谈话是一项语言的艺术，但是除了一些技巧性的东西，谈话的效果主要取决于我们表达能力的高低。因此，老师要善于利用语言这个交流工具，牢记一次成功的谈话可能会改变一个学生的一生，一次失败的谈话也可能会影响一个学生的一生。

2．个别谈话，逐一"击破"

　　个别谈话，是教师与学生沟通感情，对学生施行教育的重要手段。在谈话中教师自始至终居于主导地位，学生只是被动的从属地位。因此，教师要精心创设谈话时的和谐气氛，态度要和蔼，说话要有分寸，不要把问题说得过分严重，以消除对方的恐惧心理。

　　个别谈话对环境的选择也很重要。同样的谈话，环境不同，产生的效果就大不相同，而谈话环境的选择，要根据谈话的内容和谈话对象的个性差异来定。有的谈话适合在办公室或教室等公共场合，对犯错误的学生具有威慑力，从而促进其改正错误；而对那些顽皮的学生应在安静的地方与其聊天，效果会好得多。

　　为了使个别谈话富有成效，对学生真正起到启迪智慧和触动心灵的作用，谈话时还要注意要出于爱心，而不是厌恶学生。因为学生是很敏感的，他们不会与一位厌恶自己的老师真心交谈。要有平等、诚恳的态度，对任何学生都不能摆出一副盛气凌人、教训人的架子；要有真情，只有用真情才能感动学生。个别谈话是教师调动课堂情绪的重要武器，一次成功的谈话，可使学生如沐春风，给学生以启发、鼓励；反之，也可以使学生消沉、迷惑，甚至一蹶不振。

经典案例

　　一次上课，发现坐在最后一排的一名男生正在吃方便面，我正视时，他就闭嘴不动；我视线转移，他就大嚼起来。"上课不要吃东西，

语言表达篇

把精力用到学习上。"我提醒说，许多同学都顺着我的目光看这位男生，而他却左顾右盼，并说："谁在吃东西？""就是你！"我说。他却毫无认错地说："老师．不是我，我没吃，上课怎么能吃东西呢？"到了这种地步，我深知很难收拾，于是给自己一个台阶说："只有吃的人最清楚。"我继续讲课……

课下我找到这名男生，先从这天他吃什么饭说起，他当时就不好意思地承认他上课吃了方便面，他说他有吃零食的习惯，学不进去，就想吃点。我没有教训他，而是帮助他分析吃零食的坏处，上课吃东西的不良影响等，又从中学生要特别注意自身形象谈起，什么场合要注意什么等，讲了很多，从他的表情上可以看出，这次谈话式的教育已深入到他的内心了，在以后的课堂上，他一直表现很好。

从此以后，对有小毛病的学生，我都是个别谈话。上课时，发现谁有了小毛病，我就走到谁的面前，两眼注视他，继续正常上课，实际上就是给他一种提醒，直到他把注意力转移到课堂上来，课后再个别谈话，平等地交流和分析其上课不良行为的原因和坏处，并提出改进的方法，可以说每一次这样做的效果都令我很满意。一个班有"毛病"的也就那么几个，有了几次这样的教育后，基本上就能很好地控制上课的局面了，师生之间的感情也融洽多了。

人的尊严都应受到尊重，个别教育，避免了与学生在课堂上正面冲突，容易进入学生的内心世界，从思想上转变了学生的错误认识。因为这样做，呵护了学生的自尊心，不易引起学生的逆反心理，学生容易接受，才会不断进步。

案例分析

教育是一门艺术，课堂情绪的管理也是一门艺术。它需要教师运用"机智"来引导学生，启发学生，使其真正认识缺点，改正缺点。个别谈话就是教育学生常用的方式，而心与心的交流最能打动学生。

在谈话时，教师要精心创造和谐的气氛，态度要和气，说话要有分寸，不要把问题说得过分严重，就此案例分析，这位教师与学生谈话时，并没有用严厉的语气斥责他，也没有体罚，而是从这位学生的不良习惯、自身形象等方面，引导他认识自己的缺点，意识到有错就改，以端正的心态学习。

语言表达篇

3. 微笑，课堂上赏心悦目的花朵

优秀教师课堂情绪管理的智慧

学习是一项繁重的脑力劳动，对于大多数学生而言，并不是一件轻松事。因此，要使课堂充满生机与活力，教师应该带上甜美的微笑走进教室，让微笑感染每一个学生，带给他们一个好心情。在教学过程中，教师还可以用微笑来代替语言。比如，对于发言较好的学生，微笑是对他的赞赏；对于想发言而又不敢说的学生，微笑是对他的鼓励；对于发言不够好的同学，微笑是对他的安慰。

教师要富有亲和力，才能打动学生的心灵。唯有"亲其师"，才能"信其道"，学生才会"听其教"，因此首先教师要能让学生喜欢。很多情况表明，学生都不喜欢整天板着面孔的老师，课堂上教师对学生的期待通过微笑传递，学生就会在这种爱的感召下，受到鼓舞，进而愿意投入到学习中去。

心理学家艾勤比思列举了这样一个公式：感情的全部表达 =7% 的言词 + 38% 的声调 + 55% 的面部表情，教师的和蔼可亲的微笑，温和的声调，会给课堂带来和谐、融洽、愉快的气氛。

在课堂上多给学生一些微笑，能与学生进行多方面的有效沟通与交流等，老师的赞许、鼓励和期盼，教师的微笑，让学生找回自信，调动学生学习的积极性与主动性，使其彻底地融入到课堂教学的情景中，从而产生积极有效的教学效果。

经典案例

早读课上。

"班主任来了!""班主任来了!"随着几个同学的尖叫声,热闹的教室里顿时安静下来。我快步走到教室门口。用严厉的眼神扫视了所有同学一遍,只想把那些还未进入"状态"的同学疏而不漏地抓出来批评一顿。情况好极了,全班同学因早有警报都肃然端坐,顿时,我的心里升起一种成就感。然而一种异样的感觉也突然涌上我的心头,隐隐约约觉得我和学生之间的距离越来越大,那句"班主任来了"仿佛"狼来了"一样惊响于我耳际。

第二天,我批改学生周记,在小丽的周记中出现了这样一段文字:"老师,我们都知道您是一位非常负责的老师,对我们要求非常严格,就是有点严肃,您知道吗?我们好喜欢看您笑啊!因为您笑起来好美,我们多想每天都看到您笑!"

面对这篇周记,我的心是无论如何也平静不下来了。是啊!谁不爱笑呢?为什么在学生面前要摆出一副严肃的面孔?我成了什么?我到底是谁?是专门挑产品毛病的检货员吗?是整天关注罪犯一举一动的警察吗?是在骄傲地观赏着自己的战利品——一只心惊肉跳的老鼠的猫吗?我是48位学生的班主任啊!我要同他们共处三年,为什么要把老师与学生的关系搞得那么紧张呢?

为了改变这一不和谐的师生关系,我又详细地阅读了学生们过去的资料,我惊喜地发现,学生中不乏出众的人才。

于是,我精心地设计了一次活动。

一个周末的下午,我根据学生的资料挑选了一部分同学召开了一个班委会工作会,请他们为我们班的全学期工作计划出谋划策。会议在你一言我一语中进行着,气氛的活跃超出我的意料。最后,我提议本学期的班级工作计划全由班委会自己去议定。而且还特别强调,要以活跃班级文化生活为前提,把学校提出的工作要求与我们班的预期目标充分有机地结合起来,制订一个全班同学都乐意参与的人人满意的班级工作计划。

两天后,班长把他们拟定的班级工作计划草案递交给了我,我粗略

地浏览了一遍，感觉是个不错的计划。

同学们很聪明，充分把我的意见体现在具体的工作计划中，尤其是安排了几次以文化活动为主要内容的主题班会，更令我暗暗高兴。

在与学生们的一起唱、一起跳的娱乐中，我和学生的情感距离拉近了。此时，我又想起了小丽周记中的那句话："我们好喜欢您的笑啊，因为您笑起来好美，我们多想每天都看到您笑！"我终于拆除了构筑在我与学生之间的那堵墙。

案例分析

认识到自己的举动和科学的教育原则、学生身心发展规律相悖时，教师应该当机立断，毅然决然地进行反思，努力拆除完全是因为自身的教育不当而构筑的"城墙"。学生们每天在教室里守着各种各样的规范和纪律，已经很压抑了，他们放弃了很多自主、独立和天真的权利，如果我们还要为这个圈加一把锁，那对学生来说无疑是雪上加霜。

我们要为学生营造健康、轻松、和谐的学习氛围，让他们在这样的氛围中健康成长，这是我们每个教师的任务和职责。只有尊重学生，尊重他们的个体意识，一个班集体才会充满活力。

优秀教师课堂情绪管理的智慧

4. 幽默，欢声笑语的代名词

法国有谚语说：没有幽默的地方，生活无法忍受。足可窥见幽默的重要意义，课堂生活当然也不例外。每个人一生的学习过程中会遇到许多老师，一个具有幽默感的教师往往会是受学生欢迎的教师，会在他们的记忆中留下很深的印象。幽默本身就是一种艺术，是美感的外在表现，也是道德感的自然流露，理智感的具体反映，教师人格美的示范。

教师的幽默会拉近师生的距离，解除尴尬的气氛，课堂中的幽默则能吸引学生的注意力，令学生对所学知识加深记忆，更好地进行情感交流。教师的幽默能使学生受到耳濡目染的熏陶和感染，使学生形成幽默品质，养成乐观豁达的气度和积极进取的精神，调动学生学习的兴趣和积极性；幽默可以抚慰学生心灵的"创伤"，可使学生智慧的火花重新燃烧起来。

苏霍姆林斯基说："教师的语言素养在极大程度上决定着学生在课堂上脑力劳动的效率。"教师的语言不仅要讲究科学性、规范性，还要讲究艺术性。语文教师是更直接地同语言打交道的，因此，对其语言的要求也应更严格。语文教师的语言要在准确鲜明、简洁明了的基础上力求做到风趣幽默。在课堂教学中如能运用得当，便会使教学语言具有针对性、情趣性、启发性和指导性，从而收到更好的教学效果。

经典案例

著名特级教师于永正老师在教学中最大的特色就是幽默。在他的课

堂上笑声不断，氛围和谐。

他在讲《我爱故乡的杨梅》时，请一个学生朗读，这个学生非常认真，读得声情并茂："细雨如丝，一颗颗杨梅贪婪地吮吸着春天的甘露……端午节过后，杨梅树上挂满了果实。杨梅的形状、颜色和滋味，都非常惹人喜爱……没熟透的杨梅又酸又甜，熟透了就甜津津的，叫人越吃越爱吃……"

学生读完，于老师扫视一遍教室，一本正经地说："小建同学最投入，因为他在边看边听小荣朗读的过程中，使劲咽了两次口水。"学生们先是一愣，很快便回过神来，全都哈哈地笑了起来。于老师继续说到："课文中描写的事物，肯定在他的脑海里变成了一幅幅生动鲜明的画面。我相信，他仿佛看到了那红得几乎发黑的杨梅，仿佛看到了作者大吃又酸又甜的杨梅果的情景，仿佛看到了杨梅果正摇摇摆摆地朝他走来，于是才不由自主地流出了'哈拉子'……"听到这里，学生笑得更响亮了。

待学生笑过，于老师郑重其事地说："如果读文章能像小建这样，在脑子里'过电影'，把文字还原成画面，那就不仅证明你读进去了，而且证明你读懂了。老实说，我刚才都差点淌口水了，只不过没让大家发现罢了。"学生再一次哄堂大笑。

就这样，于老师通过幽默风趣的语言，把抽象的文字变成形象的画面，让同学们在轻松愉快中理解并记住了。

于老师的幽默，不仅体现在课堂教学中，还体现在批评教育学生的过程中。

有一次，小队长崔广徐收作业，可是他的队员李朝军、张安军、赵从军都没有带作业。见此情况，崔广徐很生气，于是向于老师"告状"。

看着崔广徐非常生气而其他三个人却若无其事的样子，于老师顿时明白了：看来这几个调皮鬼平时不怎么听崔广徐的话啊，得想个办法帮助崔广徐。

有一天，恰好崔广徐穿了一件崭新的蓝色毛衣，肩部设计得很标致，有个小小的开口儿，还钉了四个黄色的金属扣。于是，于老师说："现在广徐了不起了啊，成太尉了！"这句话说得四个学生一头雾水，迷惑不解地看了看于老师。

　　"不信？你们看他的衣服。一道杠、四颗星，难道不是广徐晋升为太尉，是'太尉司令'了？所以啊，从现在起，你们'三军'更得听他的了（平时，于老师称呼李朝军、张安军和赵从军三人为'三军'）。"

　　"三军"中最调皮的李朝军问："那我们是什么啊？他都当太尉了，我们还是兵吗？"

　　"那当然喽！你们不但是兵，而且还是列兵。"

　　"不！我们才不要当劣兵呢，我们要当好兵！"

　　"呵呵，我说的'列兵'是'列'，'排列'的'列'，而不是'恶劣'的'劣'。"说着，于老师随手把"列"写在了黑板上。

　　"当然，也可以晋升。不过，需要看你们的表现。如果你们进步了，就可以晋升为上等兵、下士、中士、上士。呵呵，你不知道吧，仅'兵'就有五个等级呢。所以啊，你们一定得好好干！"

　　崔广徐一听，立刻就一本正经地下了命令："你们回家拿作业。如果没有做完，中午一定记得补上，否则可要军法处置了。"

　　"三军"一听，乖乖地走了，并且在中午时完成了所有没完成的作业。

　　就这样，一句幽默的玩笑话，不但改变了"三军"，让他们变得服从命令、服从管理，而且还帮崔广徐在同学面前树立了威信，解决了工作中存在的问题。

案例分析

　　教师的幽默富有感染性和迁移性，有利于沟通师生之间的情感，建立良好的师生关系。教师通过幽默的语言、表情、动作等，拓宽了自己

的思维宽度，以自身的"范例"倡导平等、民主的师生关系；学生通过教师的幽默，消除了对教师的敬畏心理，缩短了师生间的心理距离。由此，使学生认识到教师丰富多彩的个性特征和内心世界，觉得教师不只有可敬畏的一面，而且还有风趣可亲的一面。幽默可使师生关系不断改善，彼此通过反馈来的信息调整双方的关系，形成人格平等、作风民主、感情融洽及互助合作的师生关系。

幽默是教师个性的展现，是教学过程中哲理和情趣的统一。走进名教师们的课堂，我们常常能听到学生情不自禁地开怀大笑。教师用幽默营造了一种轻松愉悦的课堂氛围，让学生的精神获得自由，智慧在高峰体验中绽放绚丽的花朵。

案例中于永正老师的幽默带有强烈的喜剧色彩，他用口头语言来营造诙谐有趣的情景，让孩子在快乐中学习。

总之，幽默是教学的利器，可以使学生在笑声中轻松愉快地获得新知，可以使枯燥乏味的课堂变得和谐而又充满活力。

5. 评语，课后也精彩

写评语是教师工作中的重要环节，教师的评语在学生的学习过程中起着不可忽视的作用。在教学中，我们经常会发现，学生每次上交作业后，总是期待教师尽早将作业发下来。拿到作业后，学生最关心的是有没有教师的红笔评语。评语是来自教师的反馈信息，使他们兴奋和激动，尤其是肯定、赞扬的评语，往往会成为一种无形的动力，激励他们向上。如果作业本上只有分数、批阅日期，他们便会有些失望，可能会影响下次作业的质量。

评语作为一种对学生定性评价的方法，多年来，对学生的发展一直起着潜移默化的作用。随着时代的发展，评语被人们赋予了更深的内涵。作为教师，在我们对学生进行学业成绩和道德行为评价等方面，评语发挥着愈来愈重要的作用，评语的形式也越来越呈现多样化，受到学生和家长的欢迎。

写评语是一门艺术，它在学生的成长过程中起着至关重要的作用，评语运用的好坏有时会决定一个学生成败与否。评语是老师对学生爱的体现，是师生之间心与心交流的桥梁。评语是指导学生走向正确方向的一盏明灯。好的评语给学生带来了希望，好的评语让学生收获进步与成长。给学生写评语不是一个简单的工作，它是师生关系融恰的润滑剂，是一种行之有效的教育手段，它所产生的积极作用会使学生终身受益。

经典案例

每到期末，班主任就忙得一塌糊涂，不要说是考试、阅卷、排名、

召开家长会……，光一个学生评语就得让你绞尽脑汁。谁叫班主任肩负着教书育人的重任呢！有道是：班级无小事，事事都育人。你可别不拿写学生评语当回事，它可是关乎教育的成败。好的评语能开启学生的心扉，激发学生的心志，使之早日成才。不恰当的评语能让学生就此一蹶不振。

每当期末来临，我都要花费近一个月的空闲时间潜心做学生的评语工作。首先，确立宗旨：让每一条评语都突出学生的闪光点，具有启迪性、激励性、言辞恳切、感情真挚。然后对每一位学生逐一分析，据其学习成绩、性格爱好、道德品质等分别待之。评语不拘形式，语句有长有短，语气或叹或劝，语意有褒有赞，留给学生的应是会意、愉悦、惊喜和沉思。

那些学习成绩非常优秀又愿意助人为乐的，就用"德才兼备，佩服，佩服！"或"德艺双馨，向你致敬！"

那些学习成绩非常突出，但不愿意助人的，就用"成绩优秀，令人羡慕，如能更多地帮助他人，我会为你竖起大拇指！"

那些成绩不太突出，而品德优秀的，就用"假如你的学习成绩像你的品德一样的优秀，我将为你而骄傲。来，我们一起加油！"

那些成绩一般，甚至很差，但有自己的兴趣爱好、特长的，就用"你的字真漂亮，能不能把你的学习搞得也漂亮些，请给我一个惊喜！""你的球技好棒，正因为有你，我们的班级生活才丰富多彩。其他方面可不要甘拜下风啊！"

那些性格活泼型的，就用"思维敏捷，活泼可爱，你会成为才思敏捷、非常优秀的人，没有不可能，只要肯努力。"

那些好打架斗殴，经常违纪违规的，则劝之"人非圣贤，孰能无过，知过能改，善莫大焉，你能行！"

……

经过一番苦心经营，学生跟自己走得更近了，心贴得更紧了，感情更深了，学生的学习兴趣更浓了，尽头更大了，目标更远了。

以前都是自己绞尽脑汁给学生写评语，写得很辛苦，有时候还感觉思路枯竭，无从下笔，特别是那些"中等生"，很难写出客观到位的评语，总觉得有些泛泛而谈。今年，我要改变方法，让学生参与到写评语中来。

　　在班会课上，我发给每个学生一张白纸，先让他们写下自己的若干条优点和缺点，再在小组内交流并相互补充，最后有余力的同学可以仿照老师的口吻，给自己写一则评语。

　　说实话，我让孩子们参与写评语除了能使学生评语写得更为客观真实外，私下里还有为自己有话可写暗暗做准备。放学后，我让班长把学生们的评语收上来。当看到学生们的评语时，我被震撼了、感动了。

　　不少学生自己写的综合评语，俨然是老师在给学生写的评语，他们不仅比较全面地写出自己的优点和不足，而且句句透漏出一个只有"为人师者"才有的情怀！

　　有些学生虽然没有写自己的综合评语，但都极认真地列出了自己的许多优点。我想，能找出自己优点的孩子，一定是自信的孩子。一个人的成长路上有自信相伴，他的人生之路一定会充满希望和快乐。

　　这个周末，我打算让同学互评，老师充当倾听者、建议者、评论者。

　　我先把这个想法告诉了学生，然后在某节课上让学生写50字左右的同桌评价——同桌的你。并提出要求：公正、真实、幽默、凝练，在10分钟内完成。我欣喜地看到，就连几个平时写作能力很差的学生也都按时交来了对同桌的评语，且语句通顺，评价准确，不足处是偶有错别字。而绝大多数学生则注意到了写评语的各项要求，对自己朝夕相处的同桌，或从侧面评价入手，以小见大，或从整体进行褒贬，直抒胸臆，颇具才情。

　　"同桌的你"这项评价活动除了锻炼了学生的语言表达能力外，还有三点思想素养教育的好处：一是从小培养孩子的民主参与意识，班级事务不是班主任老师一人的"一言堂"，班级是我们大家的，我不管谁

来管；二是使学生真正去体验先贤"直道而行"的人生教诲，在是非面前不随风转舵，坚持原则，学做耿直、刚毅、充满正气之士；三是培养学生具有虚怀若谷的胸怀，让他们正确对待别人的批评，而不是一听不顺耳的话就暴跳如雷或耿耿于怀，宽容是自由的人性保障，有了宽容，才有社会的欣欣向荣。

案例分析

写评语这看似极普通的工作，却蕴藏着无限的教育契机和可贵的教育价值。我们要把撰写评语看作是为学生生命成长奠基的组成部分，是班主任教育生命发出耀眼光辉的一环。案例中的教师便成功地做到了这一点。

评语的方式多种多样。有的老师自己写评语，但力求让每个学生都感动；有的老师以评语为载体，组织学生开展互写评语的活动；有的老师让学生自己给自己写评语；还有的老师将自评、互评、教师点评三者结合，给学生形式多样的评语。

恰当的评语不仅能拉近师生间心理上的距离，提高班主任工作的实效性，还能充分发挥评语的教育作用，培养学生自我教育的能力、团结协作的能力以及发展自己的能力。

优秀教师课堂情绪管理的智慧

6. 肢体语言，无声胜有声

肢体语言是人的身势或手势语，它属于非语言信息，如点头、手势、身体的位移等。肢体语言以其形象感强的特点得到我们教师的广泛青睐，成为课堂教学中不可或缺的重要的交际工具。比如用微笑表示友好，用触摸传递温暖，用眼神交流情感，用掌声鼓励自信等。

教师在课堂上的一举一动，一招一式，一颦一笑，都在向学生传递信息，因此，教师在课堂教学中必须讲究姿势语言的艺术。教师要正确使用眼语，眼神是一种丰富的无声语言，在教学过程中，有时一个恰当的眼神可胜过几多苦口婆心的长谈，收到"无声胜有声"的效果。教师的脸孔，是放大了的晴雨表，是情绪变化的特征，教师要做到端庄中有微笑，严肃中有柔和，切忌由于各种原因所致的不愉快形之于色，例如生气、厌烦等。手是会说话的工具，教师应充分发挥手势的表达功能，做到自然、舒展，节制活动的频率。教师的躯体动作，应当稳重大方，轻松自如，一举一动，都要给学生以美的享受。

体态语言在教学工作中的作用是至关重要的，所以教师要认真研究和运用体态语言，把教学工作提高到一个新水平。

经典案例

优秀教师周巧琼就非常善于运用肢体语言来表情达意，提高课堂效率，营造良好的课堂氛围，很值得我们学习。

在开学的第一天，周巧琼站在讲台上，发出指令："Stand up"，并

辅以自身的动作示范，再要求学生们跟着重复同样的动作，五分钟内，学生们就可以自如地对 Stand up 和 Sit down 这样的指令做出完全正确的反应。与此同时，周巧琼也建立了孩子初学英语的信心。

再如，在教学"Pardon"这个单词时，周巧琼特意点最后排的学生与他对话，并故意皱着眉，把手绕成喇叭形状放在耳边装作听不到他的话，说"Pardon？"

那位学生虽然没听懂周巧琼在说什么，看到她的表情也会重复一遍他说过的话，即使遇到那位学生一时没有反应过来，其他反应快的学生也会在下面不断地催促："再说一遍。"

周巧琼趁热打铁教了"Pardon"，学生们也很快就学会了"Pardon"的用法。

在课堂上，周巧琼很会赞美学生，除了口头评价外，同时还运用了肢体语言评价学生。如学生回答问题准确到位或学生读书读得很好时，她会走下讲台，不吝啬地伸出热情的双手和学生握手、拥抱，让孩子们感受到自信的力量和成功的喜悦。

于是，他们更加积极地回答问题，形成了良好的课堂氛围。

周巧琼善于照顾班上基础比较差的学生，她认为对成绩不好的学生，更要常面带微笑，用爱给他们织成一片成长的天空，以便学生以更好的表现感谢老师。

周老师的肢体语言运用丰富、得体，口语表达清晰，又很幽默，师生互动非常好，上起课来非常有默契。用学生们自己的话来说，就是："在周老师的课上，几乎每个同学都很专心地听她讲课，没有人会想到睡觉。真的，我们想到的只是紧跟着周巧琼老师上课！"

案例分析

周老师在教学中充分运用肢体语言来表达她对学生的赏识，这对提高英语课堂教学无疑大有帮助。它不但可以帮助学生了解上课的内容，让学生巩固记忆，还可以活跃课堂气氛，引起学生兴趣，使学生很愿意跟着她学习新的内容，从而提高了教学的成效。

经典案例

从上学开始，老师的肢体语言便伴随着我们，向我们传达着各种各样的信息。尤其是老师的眼神，一直伴着小明成长，使小明从一个懵懂无知的少年成为一个品学兼优的学生；使小明从脆弱变得坚强；使小明从散漫变得勤奋；使小明从骄傲自满变得谦虚谨慎。

记得读小学三年级的时候，一次上语文课，老师提了个问题让同学们回答，很多同学都举手回答，而小明不敢举手，生怕被老师叫到，老师用眼睛在教室里扫视了一遍后，最后把目光停在小明的身上，她叫小明站起来回答，当时的小明面红耳赤，把头埋到了衣领里，说话声音小得几乎无法让人听见。于是，老师鼓励小明，叫小明不要害怕，勇敢回答，对与错不要紧。小明怯怯地抬起头，目光与老师的眼神撞个正着，老师的眼神里充满鼓励，小明大胆地回答了老师的问题，而且非常正确，教室里顿时响起了热烈的掌声，再看看老师的眼睛，好像在说："回答问题，没什么大不了的。"从此，小明回答问题都非常勇敢、积极，从此，小明也就爱上了语文，而且语文成绩越来越好，在班上名列前茅。

还有一次，在练习课上，老师出了几道题在黑板上，其中有一道题非常难，全班只有小明做出来了，小明有点得意洋洋，这时老师向小明传来赞扬和鞭策的目光，小明从老师的眼神中明白了不能骄傲自满，从此小明开始变得谦虚，而小明也越来越注意老师的眼睛了。

小明从老师的眼神中读懂了很多：胆怯时的鼓励；做错事后的批评与教育；做好事后的表扬；为班级争得荣誉时的欣慰；取得成绩时的赞许与鞭策等。

如今，小明也成了一名人民教师，小明也时刻注意用自己的眼睛向

学生传递各种各样的信息，有赞许、表扬、鼓励、批评、鞭策、支持……，也真正体会到了什么叫"此时无声胜有声"。

案例分析

老师成功地运用了肢体语言向学生传递信息，当学生因为心理因素而不敢回答问题时，他并不是简单地把学生叫起来，而是通过言语鼓励学生，帮助学生克服心理上的障碍，缓解了课堂上的尴尬气氛，接着用独特的眼神来表达他的鼓励，充分体现了这位教师巧妙的教学方式。

语言是表达情感的工具，肢体语言也是如此。往往教师不经意的一个手势、一束目光、一种表情都会影响学生，给学生的心灵带来一定的变化。因此，我们教师要注重细节，恰当地运用肢体语言，让肢体语言在整个教学活动中彰显无穷的魅力，发挥该有的作用。

资源利用篇

中国有句俗语叫"巧妇难为无米之炊"。这句话是说我们做事如果缺少必要的条件，便很难做成。这个道理同样适用于教学领域，也就是说，教师要充分利用相关资源，使我们的课堂直观、形象、有趣、生动，进而使我们的教学工作事半功倍。

1．用音乐愉悦学生的心情

音乐是人们抒发感情、表现感情、寄托感情的艺术，不论是唱、奏或听，都蕴涵着关联人们千丝万缕情感的因素。特别对人的心理，音乐会起着不能用言语形容的影响作用。音乐不以说教方式来传播，更多的是通过熏陶及感染的途径，潜移默化地来影响人的心灵，使人更多地得到美的滋润。

人们在悲伤、烦恼时最喜欢听一些伤感音乐，从而扩大自己相对应的情感，而这些情感又会产生一些解决问题的"动力"；人们在思绪凌乱、烦躁不安时会喜欢听一些平静的轻音乐，从而引发各种"平静"和"调理顺畅"的感觉和情绪，进而有利于理智地解决问题和维持心理的健康；人们在愉快、有激情的时候，会喜欢听一些欢快、动感的音乐，使自己的身心更加愉悦、放松。

音乐是社会行为的一种形式，通过音乐人们可以互相交流情感和生活体验。音乐的魅力主要在于它的"主情性"，比起其他艺术来，音乐无疑更贴近人的心灵，因此也最能直接表现和激发情感。特别是那些"无法用语言文字表现"的情感、意象，通过音乐往往可以达到与他人心灵交融的境界。

音乐是一种奇妙的语言，正如英国哲学家卡来所说，"音乐是天使的演讲"。陶渊明也说："此中有真意，欲辩已忘言。"而在课堂上播放相关名曲正好可以弥补语言文字信息媒体的这种缺憾。

一位资深专家说："在所有的艺术中，音乐是最容易调动和激发人的情感的。音乐的愉快刺激，使这些由情感伴随的学习认识过程不断反复，就促进智力飞速提高。"在课堂上，我们如果能根据教学需要，适当播放相适应的音乐，无疑将会调动学生的学习情绪，激发学生的学习兴趣。

经典案例

湖南长沙同升湖国际实验学校的优秀教师陶妙如上课独特而有魅力。类似《荷塘月色》这种"只可意会，不可言传"的意境散文，她都能讲得有声有色，让学生如临其境，感同身受。下面就是她讲授课文《荷塘月色》中的教学片段：

在讲解《荷塘月色》的内容之前，陶妙如老师便道："我们已经知道，这篇以写景为主的抒情散文写于 1927 年 7 月的北京清华园。同学们再回忆一下历史课上学过的知识，1927 年 7 月，当时的我国发生了什么事？"

沉默了片刻后，一个学生举起手回答道："1927 年 7 月，正是第一次国内革命战争——北伐战争宣告失败的时候，当时的共产党在军事上处于十分不利的阶段。"

陶老师说："对，也就是说，《荷塘月色》写作前后，正是朱自清思想极端苦闷之时。他对大革命失败后的黑暗现实和白色恐怖的不满，使之陷入了苦闷、彷徨之中。本文体现了作者希望在一个幽静的环境中寻求精神上的解脱而在现实中又无法解脱的矛盾心情。作者通过对淡淡的月光和朦胧的荷塘的描述，抒写了淡淡的喜悦和淡淡的哀愁，从而委婉、曲折地表达了作者不满现实、幻想超脱现实而又无法超脱的苦闷。接下来我们来听一段阿炳的《二泉映月》。"

一曲低沉的乐曲慢慢地在教室里弥漫，那如诉如泣的幽怨，让学生们都情不自禁生出一种忧郁的淡淡的感伤，仿佛已置身其中。

突然，乐曲停止了。

陶老师道："我们再来听一段法国印象主义大师德彪西的《月

光》。"

于是，录音机里又传来一节节美丽轻快的旋律，让人有一种置身于明朗而幽静的深夜中的感觉。

几分钟后，轻快的旋律消失了。

陶老师接着说："现在大家回想一下刚才听两段音乐时的感觉，哪位同学来给大家描述一下？"

说罢，便有学生站了起来："先是感到很悲伤、郁闷，有一种压抑感，然后感觉好像是换了一个环境，心情也变得好多了。"

陶老师赞赏地说："描述得很好，现在我们来看看朱自清先生在《荷塘月色》中是如何用语言来表达这种复杂的心情的。"

在陶老师的引导下，学生们带着两种截然不同的心情，开始了《荷塘月色》的学习。

案例分析

我们知道，散文的教学一直是语文教学中很难驾驭的领域。对于那些极富音韵美、意境美又极富想象力、情感表现力的散文，如果我们只采用传统的分析方法，往往很难让学生体会到散文那种"形散神不散"的写作意境。面对这种情况，音乐在课堂上闪亮登场。案例中陶老师借助音乐的力量为学生营造了一种情境，也把他们的心情融进了课文中。

陶老师课堂上播放的这两段音乐，一悲一喜，前者凄凉、忧郁，后者轻快、活泼，在学生们听来就像是一个人前后心情的起伏变化。在音乐加心情编织成的氛围里，学生们便很容易将听音乐时的感觉带到课文的学习中。

黑格尔曾经说过："音乐是精神，是灵魂，它直接为自身发出声音，引起自身注意，从而感到满足……音乐是灵魂的语言。"音乐不仅可以陶冶情操，而且可以激发情感，让学生如身临其境，产生共鸣。

2. 让故事装点你的课堂

故事导入法是指教师在教学中用讲故事的形式（如典故、传说、历史、神话故事等）导入新课，加深对新知识、新课题的讲解。故事导入突出了情趣性，与课题紧密相关的故事导入，容易激发学生的学习动机，使学生热情积极地投入到对问题的探索中去，活跃学生的思维。

每个人的童年就是由许许多多的故事连接起来的，甚至可以说，你脑海中的故事史就是你的成长史。一位研究教育的人士说过，不爱学习的学生哪儿都有，不爱听故事的学生一个也找不到。

也许有人会说，讲故事是给小孩子们上课才用的，大孩子们的课堂时间原本不够用，再节外生枝讲故事，这堂课还能上得好吗？其实不然，听故事是没有年龄之分的，学生无论大小，都不会拒绝有趣的故事。

有经验的老师，很善于在讲课过程中穿插故事，通过一个个小故事，来激发学生的好奇心和求知欲。而学生一旦有了好奇心，就会产生追根究底的念头，就会积极地、执著地去探索。这样一来，课堂情绪会异常高涨，教学效果往往也会出奇的好。

经典案例

江西省新余市姚圩中学的骨干教学分子龚正清老师在学生眼里是一个很有趣的小老头。在他的课堂上，有的时候你分不清楚这到底是中学生在上化学课还是小学生在听老师讲故事。

讲到元素"铍"时，他说："大家都看过《西游记》吧？还记不记得里边的那个女儿国呢？"

同学们异口同声地回答："记得。"

学生们兴趣盎然，也充满期待。没想到这小老头居然对"女儿国"感兴趣了？他想说明什么问题？这个故事和化学有什么关系？

"《西游记》里唐僧师徒四人西去取经路过女儿国，那个国家只有女的没有男的，是吗？当然了，这只是一个神话故事。不过，现实中还确实有一种化学元素，会影响人们生儿育女。"

学生们一听更加奇怪，不会吧，居然能影响人们生儿育女？这是什么元素？

于是，学生们争先恐后地说："真的吗？"

"是什么？"

"老师，快告诉我们吧！"

讲台上的龚老师呵呵笑着，慢条斯理地说："我先给大家讲一个故事。

"曾经，在广东一个山区的村寨里，一连数年出生的尽是女孩，人们急了，照这样下去，这个地区岂不变成女儿国了吗？

"于是村民们开始想办法，有的去求神拜佛，拜了这个观音敬那个佛爷，却不见一点效果。有的去寻医问药，却找不到能治这种怪病的药方。

"有位风水先生便说：'很早以前不是有地质队来开采吗？他们在后龙山寻矿，把龙脉破坏了，这是坏了风水的报应啊！'

"于是，迷信的村民们，千方百计地找到了原来在他们山里探过矿的地质队，闹着要他们赔'风水'。

"地质队队长一听，不可能的事啊？为了'洗脱罪名'，他带领队员们又回到了这个山寨，进行了深入的调查，终于找到了原因。

"原来地质队在探矿的时候，钻机把地下含铍的泉水引了出来，扩散了铍的污染，使饮用水的铍含量大为提高，长时间饮用这种水，所以导致生女而不生男。经过治理，情况得到了好转，在这个村寨里又生出男孩了。"

故事讲完了，学生们个个意犹未尽，还在回味着这个有趣的故事。

龚老师话题一转："大家想知道具体原因吗？现在我们开始介绍铍的基本常识，然后大家再结合故事分析一下铍的性质。"

于是，在引人入胜的故事中，又开始了对铍的热论……

我们知道，化学课中最多的就是那些反应过程和实验现象。即使有故事，大多也是关于某化学家于某一年发现某物质的经历。案例中的龚老师，将化学问题蕴涵于化学故事中，既调节了课堂气氛，寓教于乐，又激发了学生探求问题的兴趣，提高了他们的学习效果，同时，这也培养了学生解决实际问题的能力。

经典案例

李老师在讲授《比较分数的大小》一课时，为了调动学生的学习积极性，在上课开始便问道："同学们，老师给你们讲个故事好吗？"

"好啊，老师赶快讲吧！"一听讲故事，学生们一个个精神振奋，身体挺得笔直，迫不及待地想知道到底是什么故事。

"中秋节到了，兔妈妈为了奖励小白和小黑近来优秀的表现，买来了两块同样大的月饼。小白嚷着说：'我要吃莲子月饼。'小黑嚷着说：'我要吃草莓月饼。'于是兔妈妈把莲子月饼平均分成2份，拿出其中的1份给小白吃；把草莓月饼平均分成4份，也拿出其中的1份给小黑吃。小白高高兴兴地接过月饼，而小黑则垂头丧气地低着头，不高兴地说：'我这份月饼比小白那块小，不公平。'"

讲完故事，看着听得聚精会神的学生，李老师笑着问："你们觉得兔妈妈分得公平吗？"

"不公平！不公平！"学生们大声喊道，为小黑抱不平。

李老师故作惊讶地问道："每人都分到一份呀，怎么会不公平呢？"

学生们纷纷说着自己的意见，课堂情绪高涨。

"从小白和小黑分到的月饼大小，就能看出小黑分到的月饼就是更小。"一个学生先回答。

"兔妈妈是把莲子月饼平均分成 2 份，把草莓月饼平均分成 4 份，所以莲子月饼的每一份比草莓月饼的每一份大。"另一个学生补充回答。

"若把草莓月饼再分下去，那其中的每一份比这份还更小呢。"

"月饼平均分得越多份，每一块越小。草莓月饼比莲子月饼分得更多份，所以每一份比莲子月饼小。"

"同学们真聪明！你们说得非常对，小白分到的确是比小黑的多。你们能用数学表示小白分到的这块莲子月饼和小黑分到的草莓月饼吗？"李老师及时对学生的意见作了评价，并进一步引导学生。

"小白分到的可用 1/2 表示，小黑分到的可用 1/4 表示。"又有学生回答。

"非常准确。刚才同学们认为小白分到的月饼比小黑分到的大，你们可用什么符号来表示它们之间的关系？"

"大于号。"

"小于号。"

......

李老师用分月饼的故事激发了学生的学习情绪。

经典案例

有一次，王老师教《三角形内角和定理》一课。开课后，王老师对学生说："今天，我要给同学们讲一个故事。"

一听说要讲故事，每个学生都表现出了极大的兴趣，注意力一下子就集中到要听的故事上来了。

"在一个深山老林里，一只老猴子拿着一个巨大的锐角三角形，一只小猴子拿着一个小小的钝角三角形，两只猴子为谁的三角形内角和大而发生了争吵。老猴子说：'我的三角形这么大，内角和肯定比你的大。'小猴子说：'我的三角形中有一个钝角，所以我的三角形内角和比你的大。'同学们，你们说说看，谁的三角形内角和大呢？"

问题一出，学生们说法不一，各持己见，展开了讨论。

这时王老师拿出课前制作的两个三角形，对学生说："同学们看一下，刚才故事里的老猴子拿的是不是这个大大的锐角三角形，小猴子拿的是不是这个小小的钝角三角形？那么谁拿的三角形内角和大呢？它们之间又有什么关系呢？今天这节课我们就来学习有关这方面的知识。"

学生们在这个有关三角形内角和的故事的引领下，很快进入到积极的学习状态。

小学生都很喜欢听故事，因此，王老师一开课就先讲有趣的小故事，这立刻吸引了学生的注意力，使得他们开始聚精会神地听老师讲。当然，王老师的故事并不是随意讲的。他巧妙地将学习内容融入生动活泼的故事情境中，以激发学生的学习兴趣和求知欲望，使枯燥的学习变得轻松愉快，把学生的认知过程、情绪状态、意志表现有机地统一在教学过程中。

案例分析

通常有经验的教师，在课程刚开始时，由于学生大脑皮层的兴奋点可能还停留在课间发生的有趣事情上或上一节课的内容上，因此教师需要因势利导，把学生的注意力巧妙地转移到这节课的学习目标上来，使学生兴致盎然、全神贯注地学习，同时使课堂洋溢着异常活跃的气氛。

适当地在课堂上穿插故事，比起单纯的理论知识更容易抓住学生的心理，它能从一开始就吸引住学生的求知欲，燃起学生智慧的火花，使课堂气氛很快进入活跃期。

课堂上的故事，可以把枯燥的问题趣味化、抽象的问题具体化、复杂的问题简明化、深刻的问题通俗化，从而使学生在趣味中掌握知识，增强能力，提高觉悟。

因此，在课堂上，如果我们能根据教材内容补充相关的故事、传说，更易激发学生学习的兴趣。但是，有一点请注意：我们只是说穿插故事，并不是要在课堂上纯粹讲故事。否则的话，一堂课下来，学生们只是听了一个故事，却没弄明白老师到底讲什么知识，这可就得不偿失了！

3．用游戏激发孩子的心智

美国心理学家布鲁纳认为：最好的学习动力是学生对所学材料有内在兴趣，而最能激发学生兴趣的莫过于游戏。游戏教学就是教师融合了特定教学内容于游戏活动中进行教学，不仅变静态教学为动态教学，使学生轻松、愉快、有效地掌握知识，发展能力。

我们知道，游戏是一种寓教于乐的教学方式。它的形式是多种多样的，有些游戏活动具有很强的竞争性，可以激励学生主动积极地思考；有些游戏具有很强的独立性，可以激励学生发现自己、表现自己和了解自己；有些游戏带有表演合作的性质，有利于培养学生之间的团结互助、齐心协力、密切配合的团队精神。就儿童而言，教师要不断采用儿童喜闻乐见的形式来进行教学，如猜字谜、编故事、找朋友、编顺口溜等，充分调动学生的学习热情，使课堂成为学生学习的乐园；就青少年而言，我们可以在课堂上适当地表演一些魔术，以激发学生的好奇感，进而吸引学生的注意力。

因此，一名优秀的人民教师应该善于运用将游戏引入课堂的教学方法。通过游戏这一令学生喜爱的方式，可以充分调动起学生的课堂情绪，使学生们在消除疲惫情绪、感受到快乐与满足的同时，又可以积极主动地进行学习，从而提高课堂学习效率。

经典案例

在复习《光的知识》一课时，由于马上就要进行一次小型的摸底

测验考试，所以当复习开始后，姜老师直接就进入了主题，在黑板上抄写了很多相关知识的定义和公式，然后认真地为学生们进行讲解。姜老师在讲台上认真地解说，学生们在下面专心地做笔记。为了加强学生理解、记忆的效果，每当复习完一个小的知识点后，姜老师都会列出一些习题，让学生们当场计算。

刚开始一段时间，学生们的情绪还算积极，不管是背定义，还是回答问题，都比较主动，做习题的速度也很快。但当课程上了一半以后，学生们的课堂情绪发生了明显变化，大家都无精打采的，提不起一点兴趣。有的学生开始漫不经心，有的学生开始抱怨枯燥，有的学生甚至干脆放下手中的笔，只听讲，不再动笔算了。受这些学生情绪的影响，其他学生也开始觉得枯燥乏味，大家不停地小声议论着。

看到这种情形，姜老师知道学生们都累了，于是停止了讲课，微笑着对大家说道："现在大家的学习情绪不如刚开始上课时高昂了，是不是觉得有些累了？"

学生们像受了委屈似的齐声回答："是啊！"

有学生说道："老师，太累了，我们看题看得都想要睡觉了。"

"是啊，老师，我们都写了很久了，能不能休息一会儿啊？"其他学生也随声附和着。

看着一个个无精打采的小脑袋，姜老师想了想，说道："看到大家为了学习从精神饱满的'小茄子'变成了挂了霜的'小茄子'，老师也很心疼。不过这也说明大家刚才认真地学习了，为了活动一下大脑，振奋一下你们的精神，咱们一起来做个游戏好不好？"

"好！好！"一听说做游戏，学生们的情绪一下子又高涨起来，大家都开始欢呼雀跃，等待着游戏的开始。

看到学生们兴奋的表情，姜老师开心地笑了，于是便利用教室里的投影仪，和学生们一起玩起了"影子"的游戏。

姜老师首先请学生帮忙，把教室窗户上的窗帘都放下来，教室里的光线一下子就暗了下来，学生们好奇地看着姜老师，不知道他葫芦里卖的什么药。过了一会儿，姜老师将教室中间投影仪的灯打开，一束耀眼的白光立刻准确地投在了黑板上。然后，姜老师手举着一支笔站到了灯光的前面，黑板上立刻投出了老师和笔的影子。

这时，一名学生高兴地说道："老师，你的影子投到黑板上了。"

姜老师笑着点了点头，问："现在请大家回答我，黑板上的是什么呢？"

学生们异口同声地回答："是姜老师拿着一支笔。"

这么简单的问题，让大家都笑了起来。

姜老师也笑了，说道："大家真聪明，但是你们的回答是错误的。"

听到老师的话，学生们都止住了笑声，惊奇地望着姜老师，心想：怎么会错呢？

看到学生们不解的表情，姜老师反而开心地笑了起来，说道："正确的答案是，黑板上的东西是姜老师拿着一支笔的影子。"

大家恍然大悟，于是又哈哈大笑起来。

姜老师接着说："现在，我们大家一起来玩一个小游戏，游戏的名字就叫做'你猜猜这是什么'。游戏规则就是大家可以自由地在灯光下摆出各种不同的造型，请其他的同学来猜一猜是什么。现在，哪位同学愿意上来表演一下呢？"

"我！我！"学生们争先恐后地举手，都很想上台表演。

姜老师从前排的第一个学生开始，然后按顺序往下进行，挨个让学生们上台表演。

教室里的气氛一下子就活跃了起来，大家的疲惫情绪一扫而光。

游戏在学生们的欢声笑语中展开了。在灯光下，有的学生用手形比作了大雁，有的比作了小白兔，有的比作了大灰狼，还有的比作鳄鱼。到了后来，有的学生干脆就把自己放在灯光前，并摆出了各种不同的姿势，引得讲台下的学生捧腹大笑。

游戏进行了一轮后，姜老师关掉了投影仪的灯光，打开了窗帘，微笑着说道："同学们，你们玩得开心吗？"

学生们都高声回答："开心！非常开心！"

"刚才我们做了一个影子的游戏，之所以产生影子，我们已经学习了原因。答案就在我们今天所要复习的光的知识里面，哪位同学还记得有关这一节的内容呢？"

学生们都纷纷举起了手，积极地回答。回答完问题后，姜老师说道："通过游戏，可以看出大家对光的知识充满兴趣。那么现在，我们接着复习《光的知识》一课。"

在接下来的时间里，学生们的情绪始终高昂，这节课取得了良好的教学效果。

案例分析

数理化等理科课程有很多的定义和公式，既繁杂难记，又枯燥无味，学习相关知识时，学生们很容易产生厌烦心理，致使课堂情绪消极，课堂教学效果低下。

面对学生课堂情绪不积极的情况，案例中的姜老师巧妙地利用了游戏激发法，调动起了学生们的学习积极性，使学生们在有限的时间里，最大限度地提高了学习效率。

不过，需要注意的是，游戏不能脱离教材内容，如果只是单纯为了激发学生良好情绪而随便安排一个游戏，也许情绪是调动起来了，但课堂宝贵的时间也被耽搁了，教学任务肯定完不成，而且还可能让学生一玩起来便不可收拾。而姜老师无疑成功地做到了这一点。

游戏是人类的本能，游戏让学生更容易接受教学内容，从而使教师能更好地完成教学任务。游戏教学法的魔力，在于能使学生在激烈的竞赛中，在无比的兴奋中，甚至是在刺激和上瘾中，不知不觉地学到教材中的内容，或者学到青少年必须掌握的知识。实践亦表明，游戏教学是深受学生喜爱的教学方式。

游戏是学生非常喜欢的一种趣味性活动，教师在教学中，如果能针对教材本身特点和学生的年龄特征，采用生动活泼、形式多样的游戏活动来组织教学，就会使课堂生动有趣，从而省时高效地完成学习任务。将这种活动引入课堂，不仅可以发展学生的形象思维，加深对教学内容的理解，最大限度地调动学生们的积极情绪，使学生的大脑得到一定的放松，而且更适合学生的心理特点，促使学生健康成长，不断进步。

资源利用篇

4. 用多媒体课件优化你的教学

随着时代的发展和科学技术的进步，越来越多的现代化教学手段被应用到教学过程中，如多媒体课件、实物投影仪以及电子讲稿等，为教学活动打破时间和空间的限制，形象具体、生动活泼地表现教学内容，为实现教学的最优化提供了条件。计算机多媒体教学也已走进学校、走进课堂，最初被用在优质课和示范课上，现在已向日常课堂教学迈进。

心理学研究表明：记忆，是过去经验在人脑中的反映，同时用视觉和听觉两种器官接受信息，比单独使用其中一种器官接受到的信息记忆效果要好。教师使用多媒体技术不仅能培养学生的观察能力和学习兴趣，激发学生的探究兴趣和求知欲望，还能提高学生对知识的记忆程度。多媒体课件形象生动、感染力强，促进了教学优化，提高了教学质量，对教育教学具有深远而重大的现实意义。

多媒体具有无与伦比的优势。它具有极强的直观功能，可以真实的再现感性材料，使抽象语言描述的人、事、物、景等在学生的头脑中形成一幅幅鲜明生动的画面，如见其人，如闻其声，如临其境，从而达到启发思想、启迪思维、培养感情、激发学习兴趣的目的。并且，在多媒体这个魅力无限的教学工具面前，所有的教学重点、难点都显得微不足道。只要我们动一动脑子，点一点鼠标，敲一敲键盘，精心制作一份多媒体课件，就可以让难点轻松展现，让教学如鱼得水，让课堂活跃精彩！孔子说过："工欲善其事，必先利其器"，因此，我们教师要充分利用多媒体课件，使我们的课堂更加丰富多彩。

经典案例

　　广州市第 108 中学肖柳芳老师备课《物质构成的奥秘——离子》时犯难了，因为该课内容较为抽象，是教学中的一个难点，如果只用文字描述电子的运动可能只会"越描越黑"。如何把这堂课上好呢？

　　肖老师突然灵机一动，想到了多媒体。以多媒体课件的形式不就可以形象地展现原子的结构和电子的运动规律吗？心动不如行动，肖老师立即从四面八方搜集资料，精心设计。工夫不负有心人，一份图文并茂、声视并存的课件终于展现在了肖老师面前。这时，肖老师"呵"了一口气，不再为这个难点发愁了。

　　这天，肖老师带着多媒体课件，满怀信心地走进教室。她从复习旧知识，创设问题情境开始导入课堂，并向学生提出两个问题："构成原子的粒子有哪几种？它们是怎样构成原子的？"由于是上节课的内容，学生们兴奋地齐声回答："原子是由原子核和核外电子构成的，原子核是由质子和中子构成。"

　　肖老师肯定了学生的回答，紧接着又提出了一个问题："质子、中子、电子它们分别带不带电？"并且请学生个别回答。学生在刚才那股兴奋劲的支持下，抢着举手回答。肖老师请了其中一名学生，并且进一步问他："原子带电吗？为什么？"该生稍加思索后准确回答："原子不带电，因为原子核所带的正电荷数和核外电子所带的负电荷数相等。"

　　在此基础上，肖老师稍作点拨，自然引出了这节课的内容："原子核的体积仅占原子体积的几千亿分之一，相对来说，原子里有很大的空间，电子就在这个空间里做高速的运动。那么核外电子是怎样运动的？"

　　核外电子是怎样运动的，学生根本不可能看得到，一下子也难以想象。这时，肖老师利用多媒体辅助教学，适时地播放课件（课本图4-9核外电子分层排布示意图）和"核外电子的运动演示"。看着屏幕上

核外电子的运动,学生们个个都很兴奋,也很好奇,很想弄明白是怎么回事。于是,肖老师抓住这个机会,安排学生小组讨论,找出核外电子的运动规律。

学生们都积极参与讨论,课堂上是一片嗡嗡的"众声喧哗",有的学生还对着课件和插图指指点点。几分钟后,学生自动停下来,并举手要求发言,很容易得出了"核外电子是分层运动的"结论。但怎样分层运动,他们则难以说清,这也是肖老师意料之中的。

肖老师指导学生再次观察图4-9和课件,然后小结道:在含有多个电子的原子里,核外电子是分区域运动的。我们把电子离核远近的不同的运动区域叫做电子层,能量最低,离核最近的叫第一层;能量稍高,离核稍远的叫第二层。由里往外依次类推,分别叫做"第三、四、五、六、七层"(不用肖老师说,学生已众口一词地都她接下去了)。

肖老师的这个小结更吸引了学生们对课件的注意力。紧接着,肖老师播放课件"硫原子的结构示意图",同时还配有背景音乐。这时,课堂气氛更加活跃了,学生们一会儿聚精会神地盯着屏幕看,一会儿又交头接耳地讨论着。他们很快得出了结论:3种不同的颜色代表不同的电子层,核外电子在不同的层上运动,并且是分层排布的。

"既然核外电子是分层排布的,那么我们用原子结构示意图怎样表示它们呢?"肖老师提出了这样一个问题,同时又播放"钠原子的结构示意图"课件。学生细心观察后,肖老师讲述圆圈、弧线、数字各代表的意义,接着让学生简单记忆,并让他们做课件中的练习,以便进一步巩固。结果学生表现得很好,肖老师也很高兴。

接下来,肖老师播放课件"1~18号元素的原子结构示意图",并设计了4个问题让学生讨论、交流。问题一,你从图中发现最外层电子数有什么规律?问题二,金属元素、非金属元素和稀有气体元素原子的最外层电子数有什么规律?问题三,稀有气体元素为什么又叫惰性气体元素?这与它们的结构是否有关?问题四,你认为元素的化学性质与什么有关?各小组同学在观察的基础上进行讨论、交流,顺利地得出了4

个问题的答案。

有了这些知识作基础后，肖老师才转入了这堂课的重点内容——离子的形成。

肖老师先给学生提供了两方面的信息：钠与氯气反应生成氯化钠；钠和氯的原子结构示意图。然后提出问题：钠原子的最外层电子数是多少？是失去电子，还是得到电子容易使最外层电子填满？氯原子呢？学生在对原子结构示意图的理解的基础上，热情高涨地参与方案设计，基本上都能设计出氯原子和钠原子的最外层电子转移到对方，从而使双方达到稳定结构这两个方案。

学生提出的两种方案，哪一种更可行呢？此时，肖老师请3位学生上台表演氯化钠的形成。一个学生扮演"钠原子"，一个学生扮演"氯原子"，一个学生扮演"电子"。"氯原子"把"钠原子"身边最外层的那个"电子"抢走了，"钠原子"因失去一个电子变成 Na^+，"氯原子"因得一个电子而变成 Cl^-，两者由于静电作用而结合成化合物氯化钠（$NaCl$）。

学生的表演赢得了阵阵赞许的笑声。看完表演，肖老师再播放"氯化钠形成"的课件，并以图示的形式边板书边分析氯化钠的形成。在这一过程中，学生对"氯化钠的形成"更明了了。

有了以上的内容做基础，肖老师再介绍离子（概念、分类、写法）就简单多了。接下来的课堂正如肖老师所希望的，气氛活跃，进展非常顺利。

最后，肖老师让学生讨论"离子和原子有何不同？它们之间有何联系？钠离子和钠原子是否属于同种元素？"学生们都争先恐后地回答，肖老师也尽量让他们都有机会表现自己。这节课在阵阵掌声中圆满结束。

案例分析

由于离子知识很抽象，再加上学生缺乏对微观世界的想象力，核外

电子分层运动表象的构成就成了教学中的难点。像这样的知识点，教师既无法进行实物演示，也无法让学生动手实践，只凭空洞的理论说教，是很难让学生理解的。如果我们不采取一定的教学手段，将枯燥的知识变得有趣，让难点变得容易，那么，学生就会因不感兴趣而不想去听，因听不懂而不愿去听，如此，又怎能充分调动学生的学习情绪？

肖老师通过课件展示，让学生观察核外电子分层排布示意图和电脑模拟电子运动（多电子的原子核外电子的运动示意）的动态效果，让学生领略了神奇的微观世界，这势必激活了学生的好奇心，然后让学生进行猜想，收集实证，接着通过分析和讨论原子结构的科学史料，让学生了解了科学的方法，增强了他们学习的兴趣。

肖老师利用多媒体辅助教学突破难点，改变了传统的教学方式。多媒体课件使微观抽象的离子形成变得直观，帮助学生领略和体验了微观世界，提高了学生的想象力、创新力，极大地活跃了课堂氛围，较好地解决了教学中的难点。

多媒体课件通过形、声、光、色的相互作用，产生极强的直观效果，使学生的眼、耳、口、脑等多种感官参与，有利于学生全方位地理解文章内容，进入情境，受到感染；多媒体课件信息量大，能够创设教材难以提供的情景，突破难点、化繁为简、化难为易，让学生轻松愉悦地学习；多媒体课件能够将难以掌握和理解的抽象知识以直观的形式展现在学生面前，将学生带入一个形象、生动、直观并且不受时空限制的学习世界。

多媒体课件集文字、声音、图像和动画于一体，直观形象，针对性强，是深受教师喜爱，广为教师使用的一种教学手段。

5. 让教具辅助你的课堂

教具是指教学时用来讲解说明某事物的模型、实物、图表以及幻灯等。

教具是以传播科技、教育为目的的实物。科技活动中用的教具有实物教具和复制品教具。具体有来自自然界的标本或样品，如用于科技教育活动中的生物标本、矿物标本、化石、岩石及珍稀动物样品等。还有标本的仿制品和模型，有些标本十分珍贵（如北京猿人头盖骨化石），不宜到处传播，于是人们制作了各种仿制品以及模型，用以传播科技信息。

教具在课堂生活中是教师不可缺少教学工具。记得一位作家在书中曾经写道："我们处在一个视觉社会，如果你想让自己的言语被记住，就应该让听众看到它。人们会记住他们看到的 50% 以上的东西，而听到的则往往很容易被忘记。这就不奇怪为什么在大部分人的讲话中都会引入视觉教具了。"一些直观、形象的教具可以使知识具体化、形象化，为学生感知、理解和记忆知识创造条件。直观能促使学生的具体感知与抽象思维相结合，减少学生掌握抽象概念的困难，帮助其形成明确的概念，发展其观察能力和思维能力，提高学生的学习兴趣和积极性。此外，直观教具的典型性，使它符合教学要求，能有效地形成清晰的表象并引导学生从展示的现象上去认识事物的本质。从感性知识上升到理性知识，促进学生全面深刻地掌握知识。

经典案例

　　全国知名生物学教师郭学民的生物课很吸引学生，不仅如此，学生们还送他一个外号"教具王"。郭学民老师在课堂上教具运用极多，有好几次郭学民还自己制作教具，其中"静脉瓣"教具就是典型的一个实例。

　　在讲到"静脉瓣作用"一课时，课本上的理论很简要，就是"静脉瓣可以防止血液倒流，静脉是将血液从身体各部分送回心脏的血管，血液经过毛细血管汇入静脉时压力较低，因此静脉的管壁较薄、弹性小，管内血流的速度慢。四肢静脉的内表面，通常具有防止血液倒流的静脉瓣"这么一段简单的话，并给出了一个极其简单的图示。

　　但由于学生对"防止血液倒流的静脉瓣"缺少感性认识，标本也难以采集，采用拇指挤压四肢静脉的演示又有局限性，所以在学生眼里这一理论既抽象又晦涩，课堂教学效果难以让人满意。

　　为此，郭学民设计和制作了静脉瓣作用演示教具。他用一长30厘米、直径2厘米、壁厚3毫米无色透明的建筑防火塑料管，表示静脉。用一顶端封闭的奶嘴（非市面上的"十"字奶嘴），表示静脉瓣。

　　经过加工，做成了下图所示的静脉瓣作用演示教具。在课堂上，郭学民用自制的教具向全班学生作了一个演示：

　　先从靠近奶嘴基部的塑料管的一端的开口，注入红水（清水＋红墨水，表示血液），红水能通过奶嘴不断流出。

　　再从靠近奶嘴顶端的塑料管的一端开口，注入红水，红水不能通过奶嘴向下流出。

　　郭老师："同学们，现在你们能看出什么道理来？"

　　学生："奶嘴可以防止红水倒流！"

　　郭老师："对，这就是我们上节课学习的'静脉瓣具有防止血液倒流的作用'，现在同学们明白了吗？"

优秀教师课堂情绪管理的智慧

学生："明白了!"

郭老师："好，下面我把这个教具的制作方法告诉大家，大家回去以后也来做一个，怎么样?"

"太好了!"台下的学生一时间非常活跃，前排的几个同学还站起来去摸讲桌上的那个教具。

案例分析

由案例可知，郭老师的教具在课堂上收到了良好的效果。它不仅帮助学生直观地理解了静脉瓣的作用，也为学生掌握心脏瓣膜的知识打下了基础。

教具在教学中具有不可估量的力量。好的教具可以使学生们弄清教学要求，区分学习要点，研究学习提示，做好有关笔记；可以提醒学生注意到学习内容显示的结构特点等；同时可以帮助学生以一种有组织的方式进行记忆和理解；可以节省时间、产生趣味、增加变化，灵活地展现教师的所思所想，甚至帮助学生记住教师的主要观点；可以培养学生的观察力，锻炼学生的思维。

资源利用篇

教学技巧篇

　　教师在教学的过程中要注重教学技巧的把握，多多培养学生的好奇心，让学生变被动为主动；适当地给学生施加一些压力，使之变成他们前进的动力；善于设置悬念，善于运用"启发式"、"提问式"等教学方法，引导学生积极思考等。

1. 适当的压力是前进的动力

压力不是一种想象出来的疾病而是身体"战备状态"的反应，这是当意识到某种情形、某个人，或者某件事情具有潜在的威胁性的时候做出的反应。适度的压力是生命的必需品。没有压力就没有动力，没有动力就挖掘不出潜力。

行为医学研究发现，追求成就感和事业成功是人类行为极其重要的动机之一。当人们有可能生活在没有任何压力的真空状态之中时，他们便不会再有努力追求事业和幸福的决心和行动！适度的压力将会使学生成为一个有理想、有追求、有上进心、有毅力、有决心的人！

当然，压力不是越大越好，应该适可而止，否则会适得其反。因此，教师应该适度地给学生施加压力，使学生在压力下不断磨练自己，不断走向成功。

经典案例

这是一个真实的故事：有一个孩子，从小非常聪明，也很难管。从中学到大学，他总是喜欢独自一人做一些别人看不懂的事情。读到大三时，觉得学校的学习生活也没有什么新鲜的，就进了中关村。他的举动让大家感到不可思议。在别人的眼中，他成了不务正业的代名词。

他在"村里"一个小公司装机攒机，忙里偷闲还玩一些西文软件汉化的事情，甚至尝试写一个用来算命的小软件，完全不像别的同学那样考虑未来是继续深造还是出国发展。

可就在这个时候，这个自由散漫，爱胡乱折腾的年轻人被北大方正集团的一位电脑行家看中了。

这位老师（该电脑行家的资历和名气实在太厉害了，以至于所有玩电脑的人都称其为老师）从方正的一个用户那儿听说了他的事迹和经历，便专门找到他，对他说："小伙子，我听说你帮了我们一个用户的忙，解决了兼容性的问题。现在又有一家报社的电脑遇到了同样的问题，你能不能再帮忙解决一下？"

"我试试看。"他说。

报社的问题解决了，老师赞许地点点头："小伙子，我知道你上了'街'（指在中关村大街做事），收入很丰厚，不好意思叫你过来，但你可以考虑来做客户研究员，你的意见呢？"

他一听，不免一惊，因为他明白方正主要看重的是数学系的专业人员，其次是计算机系，无线电系直接进入方正开发部的人少之又少。再说老师话里边也说了，他上过街，而人家对上过街的人心里是有看法的。

不过他不想错过这个机会，便说："我试试吧，钱以后我再慢慢赚。"

老师笑了："你来到我们这儿，我有几项任务给你，如果你能完成几个国家级的项目，我可以破格推荐你读我的博士生。"

他听后非常高兴："什么任务？您说。"

老师停顿了一下，说："这个任务说的简单点，就是为方正软件解决兼容性的问题。"

"兼容性？"

"对，你不是帮我们的用户解决过这方面的问题吗？"

"可是……"，他头一次有些为难，"我没接触过 Windows，对 C 语言也不是特别熟。前两次帮别人解决那些问题都是凭我那点小聪明，采取比较原始的汇编和 Debug 一点点改的，况且源代码……"

老师看出了他的难处，"我知道了，你是说没有源代码？不错，我们方正对源代码控制很严，所以不能给你源代码。你的任务就是在没有源代码的情况下，先反编译方正的软件，然后再为方正软件解决兼容性的问题。时间嘛，给你三个月的时间，你看如何？"

他有些挠头，沉思了几分钟，然后一拍脑袋："行，我试试看！"

没想到老师说："你接受任务的口气能不能坚决些？别老用试试看来回答我，你给我立个军令状！"

被老师这么一激，他性子来了，心想：光脚的，不怕穿鞋的，又能怎么样？只要用心去做，就没有办不好的事。

"好，我向您保证，三个月后交卷，保您满意！"

老师这才笑了："这才像个样子，小伙子，好好干，我知道你是好样的！"

军令状一下，他便正式进了老师的研究所。

他还是第一次感到肩上的压力有这么大，他要集中精力在安静的环境中，尽快化解这些压力。

于是，在老师的安排下，他一个人拥有了一间不是很大却很幽静的办公室。

他开始闭门谢客，"躲进小楼成一统"了。他专心编写着自己的程序，寻找着解决问题的最佳方案。

有一天，老师特地去他的"小楼"看他，还没进门，就听到里边传来"嚓嚓"的声音，推门一看，他正把几张稿纸撕个粉碎，一边撕一边说："不行，错了，重来！"

老师在门口站了几分钟，他也没发觉，于是老师又悄悄退了出来。

还有一次，老师则看到他一个人在屋里欣喜若狂："对了！对了！这个程序编对了！"

老师就这样默默地注视着他，感觉他有点像当年的陈景润，完全靠自己的运算证明（1＋2）。陈景润只管攀登，一张又一张运算的稿纸像漫天大雪似地飞舞；而这个小伙子只管编程，各种设计的稿纸也铺满了地面。

他的天赋在这里得到了极大的发挥，他的脑细胞在那不寻常的两个多月时间里格外活跃。

两个多月后，他出了小屋找到老师。"老师，我来交卷了！"

老师看着"卷子"暗暗高兴，这个小伙子果然写出了汉化的Windows 1.0。

但老师按捺住内心的欣喜："嗯，答得不错。不过，这个版本只是最低级的，我们还需要一个更高级、更实用的版本，你看？"

他一愣，以为自己的心血白费了。

老师意味深长地对他说："怎么，有压力？做不下去？"

"没问题！压力就是动力嘛！"他很爽快地回答。

这以后，他又一鼓作气，连做了几个汉化Windows版本。他所付出的努力与艰辛可想而知。

1989年6月，他独立研制出国内第一个实用化Windows 3.0，成为北大方正当年七大成果之一。

老师这才满意地点点头："不错，小伙子，我没看错人。现在你回到公司继续工作吧。"

在工作时，他发现Windows程序还存在一个需要解决的外挂问题，因为外挂直接在西文Windows上改，版权上有问题，工作量很大，又不能改得很完整，只能够凑合用。

老师问他："你觉得这个问题能说明什么？"

他沉思了一阵，突然一个灵感涌上心头："老师，能不能用外挂的方法解决Windows处理中文的问题呢？"

老师反问："你说呢？"

他刚想说"我试试"，一看到老师那命令式的目光便立刻改口说："我来研究一下，争取给你一个满意的答案。"

他用了一个多星期的业余时间攻关，又把外挂的方法验证了，完成了全球第一个Windows外挂系统。以前写了一万行的程序，现在用外挂方式，一千行全都解决了。后来，这个程序越写越少，而且原来英文

Windows 的所有 API 都能用了，所有的打印机和显示器都支持。

老师为他的成功而兴奋："小伙子，你不简单，前途无量啊！"

IT 业界也开始密切关注这颗腾空而起的耀眼的新星。

1991 年 6 月，在老师的安排下，他带着他开发出来的中文平台参加了首届全国 Windows 研讨会，他给它起名 BDWin。

正是这个 BDWin 把所有参加会议的人都震撼了，就连 CC DOS 发明人、这次会议的策划人严援朝也大为赞赏，甚至把自己开发的一个中文视窗放到一边，对他说："我的东西不推了，推你的，我的东西不行。"

福州会议满载而归，老师说："这个产品销量很好，不过加密卡不够用了……"

他一听，二话不说，又马不停蹄地将 BDwin 连加密卡做了几百套，两个月时间全卖出去了。

1991 年的年终，BDWin 又被评为北大方正的七大成果之一。

后来，他离开了方正，开始了他的创业之旅，最终他成功了。他就是一手创办了三大门户网站之一———新浪网的首任 CEO 王志东，当年不断地给他施加压力并激发了他无限创意的老师的名字叫王选。

案例分析

因为没有压力，在进入方正之前的日子里，王志东是非常散漫，不知不觉地荒废着他流水的青春岁月，因为缺少足够的压力，他显得有些"不务正业"；而又因为压力，他奋战、拼搏。他在压力的激励下不断前进，直到成功。一名研究压力与人类身心影响的加拿大医学教授塞勒博士曾说过："压力是人生的香料。"王志东的人生，就是这句话最好的诠释。

压力是学生学习过程中必不可少的催化剂。我们教师在对学生进行压力教育时，要从实际出发，运用符合心理健康原则的方法因人施教。

不要过度增加学生的心理负担，对遭受了挫折的学生要及时地给予关心和爱护，使他们身心健康、茁壮地成长，并帮助他们将压力转化为学习的动力，不断激发他们的学习兴趣。

2. 暗示是一股巨大的潜在力量

暗示是一种最常见的心理现象。它是指人或周围环境以言语或非言语的方式向个体发出信息，个体无意识地接受了这种信息，从而做出一定的心理或行为反应。俄国心理学家巴甫洛夫认为，暗示是人类最简单、最典型的条件反射。

有一个故事，我们应该都不陌生。故事的内容是：三国时期，曹操率领部队去讨伐张绣。时值七八月间，骄阳似火，万里无云，士兵们口渴难耐，行军速度明显变慢，有几个体弱的士兵竟然体力不支晕倒在路旁。曹操见状，非常着急，心想如果再这样下去，部队根本不能如期到达目的地，战斗力也会大大削弱。于是他叫来向导，询问附近是否有水源。向导说最近的水源在山谷的另一边，还有很长的路程。曹操沉思一阵之后，一夹马肚子，快速赶到队伍前面，然后很高兴地转过马头对士兵说："诸位将士，前边有一大片梅林，那里的梅子红红的，肯定很好吃，我们加快脚步，过了这个山丘就到梅林了！"士兵们一听，不禁口舌生津，精神大振，步伐加快了许多。

显然，曹操成功利用的就是我们所说的暗示。心理学认为，人们都有一种倾向，即自觉或不自觉地维护"自主的"地位，不愿意受别人的干涉或控制。从这个意义上讲，暗示的作用往往比直接劝说、指示或命令的作用大。暗示是一股潜在的巨大的力量。好的暗示能督促做错事的学生细细反思，能鼓励好学的学生再接再厉，激励着所有的学生不断奋进！而坏的暗示则会令学生气馁和不安。所以，一个教师要想教出好成绩，调动良好课堂情绪，就不能不充分利用暗示的作用。

经典案例

南京江宁科学园小学的许红梅老师曾接手过一个十分棘手的班级——二年级的一个出了名的"捣蛋鬼集合班"。

这个班的教室内长期纸屑满地飞扬，是学校有名的脏、乱、差班级，学生宿舍中的卫生也一团糟，校卫生评分榜上，该班从来都是"最差"。但这个班的学生却依旧我行我素，老师们都不知该如何处理，都感到心有余而力不足。

当校长宣布许红梅接任这个班的辅导员时，同事们都投来了同情的目光。

许红梅老师却笑着说："伙计们，不要这样看着我，收起你们怜悯的目光吧。我已经仔细地分析过了那些学生的心理特点，他们正处于青春叛逆期，自尊心比较强。以往那种居高临下式的说教，他们当然会反感的，相信我会有好办法征服他们。"

第一堂课，许红梅老师刚走到教室，就发现教室门前一片狼藉，学生们似乎刚刚还在嬉戏打闹，没来得及收拾。

许红梅老师佯装没有看见，和学生们问好之后，微笑地说："同学们，我有件礼物送给你们，你们猜猜是什么？"

学生们非常好奇，都睁大了眼睛，不知道新来的老师葫芦里卖的是什么药。

许老师拿出十几幅风景画来："你们看，这几幅山水画多美啊。我们把它们挂在教室的墙上，怎么样？"

学生们立即眉开眼笑起来，几个男生主动上来帮许老师把画挂好。

许红梅接着又说："还有几盆鲜花放在外边，麻烦你们帮我搬一下。"

鲜花搬进来了，有红色的，粉色的，还有白色的。嫩绿的叶子上还有几滴晶莹的水珠，看得出来是许老师刚给它们浇过水。

优秀教师课堂情绪管理的智慧

墙上是一幅幅山水风景画，讲台上、窗台上是一盆盆鲜花，突然之间把整个教室衬托得分外美丽，美中不足的是地上废纸成堆。

几天后，许老师注意到教室的地面比以前干净了一些，不过还是有一些废纸屑。

有一天，许老师悄悄来到教室巡视，一个叫李威的调皮鬼一扬手，一团废纸在空中如仙女散花般飘落下来，正好落在了讲台上。

李威很快注意到了站在门口的许老师，慌慌张张说了声"许老师……"便脸红了。

但许红梅没有批评他，只是自己走过去，弯腰把那些废纸捡起，并扔进垃圾桶。

李威的脸一下红到了耳根，低着头等着许老师批评，可许老师人已经走出门了。

从那以后，这个班的卫生越来越好，地面开始干净整洁，很少再有废纸屑。

看到这个班转变如此之大，前任辅导员奇怪地对许红梅说："许老师，我感到非常奇怪呀，以前，那些淘气鬼们经常把教室里搞得乌烟瘴气，尘土飞扬，一到那个班，我就不由掩住鼻子，现在好像换了一个教室似的，空气也清新多了。"

许老师听后暗暗高兴。

过了几天，在一次学校要求的大扫除中，许老师的班还没有开始，二（3）班的学生便来借拖把。许老师还没有回话，就听有学生说："不借！不借！借了我们过会儿用什么拖呀！"随即就有好多人附和道："就是嘛，不能借给他们！"

看着班级学生小气的架势，许老师只好提议："我们就先借给他们吧，反正我们还没有开始呢，再说等会儿我们可以先捡纸，或擦玻璃和墙面，最后再拖地呀！"

没想到有学生竟然说："他们把我们拖把弄坏了怎么办，不借！"

面对学生狭隘自私的思想，许红梅一怒之下，毫不客气地批评了学

教学技巧篇

生一顿："你们也太不懂事了，怎么能这么自私……"

顿时，教室里鸦雀无声，学生们低下了脑袋。

这事过后，许红梅惊讶地从学生周记里发现很多人都写了这天的想法，他们还是认为不该把拖把借给（3）班。还罗列了一大堆理由：什么爱护公物啦，班级集体荣誉感啦等。许红梅这才发现，教师以势压人的批评是不能解决孩子们的思想问题的。简单生硬的批评训斥，至多只能转变学生的口头认识，只有从思想深处触动学生才能真正转变学生的思想情感乃至行为。

于是，许老师故意设计了下面的情节：她把班级的拖把藏了起来，学生值日时，找不到拖把，就安排他们去二（3）班借。

学生："许老师，他们不会借给我们的！"

许老师："为什么？"

学生："因为他们也要用呀！"

许老师："不一定哦，请我们劳动委员去借借看！"

于是，劳动委员不太情愿地去借了（许红梅已经事先和三班的值日生说好）。不一会儿，劳动委员带着很惊讶的笑容回到教室，非常高兴地告诉大家："他们竟然同意了，说让我们先用！"

同学们听了都很惊奇，似乎觉得不可能。

许老师见状，赶紧抓住时机引导学生："（3）班同学自己也要用拖把，为什么就愿意借给我们呢？雷锋叔叔一事当前先想谁？我们以后再遇到类似的事该怎样做呢？"

教室里安静了下来，学生们陷入了沉思之中……

案例分析

没有太多的言语，没有额外的批评，案例中的许老师巧妙地运用"暗示"的方式，收到良好的教育效果。教室里越来越整齐干净，同学们越来越爱护自己的班级。借拖把也是一种无声的教育，看到其他班的学生如此大方，好胜心强的学生岂能落于人后？相信，经过到（3）班借拖把这件事之后，学生也会更加懂得理解、宽容以及互助友爱的真谛。

美国田纳西州有一座工厂，许多工人都是从附近农村招募的。这些工人由于不习惯在车间里工作，总觉得车间里的空气太少，因而顾虑重重，工作效率自然降低。后来厂方在窗户上系了一条条轻薄的绸巾，这些绸巾不断飘动着，暗示着空气正从窗户里涌进来。工人们由此去除了"心病"，工作效率随之提高。这就是暗示的力量。

暗示的巨大魅力，在于它的不直接、不严厉、不说教，在于它的温和、圆滑和巧妙，在于它让对方自己去反省，而不是强制性灌输。也因为如此，学生们会不自觉地接受自己喜欢、钦佩、信任和崇拜的老师的各种暗示。"暗示"是一种良好的教育方法，它委婉、含蓄、富于启发性，更有利于调动学生的积极情绪。

3. 巧设悬念，让学生"不离不弃"

优秀教师课堂情绪管理的智慧·····

悬念是教学中常用的一种技巧，也是一种行之有效的教学方法。悬念作为一种学习心理是由学生对所学对象的未完成感和不满足感而产生的，是一种具有巨大学习潜能的心理状态。

"欲知后事如何，且听下回分解"是小说中常用的手法。相信我们每个人都有这种经历，也都能清晰地回忆起那种感觉，当我们看小说或电视剧的时候，剧情发展到高潮之时戛然而止，我们欲罢不能。于是我们会迫不及待地想知道后事如何，结局怎样。这就是悬念的作用，它吸引着我们一直把书或电视剧看完。

在课堂上也是如此。平淡、枯燥的教学往往使学生无精打采，交头接耳，甚至伏案大睡。好奇是人的天性，如果我们在平淡的教学中适当加入点新奇，设置悬念，调动学生的学习情绪，吸引学生不断思考，并期待后面内容的快快到来，相信会有意想不到的良好的效果。

经典案例

溧阳市戴埠中学教师汪德富先生为人开朗大度，有着一股特有的幽默和优雅。学生们十分喜欢并尊敬汪德富老师。他在工作上的魅力确实无人能及，听他讲课，每每让人欲罢不能。

下面是他的几个教学片段：

片段一

在学习《碳的几种单质》一节时，汪老师对台下的学生说道："同学们，今天我带了一把玻璃刀，有哪位愿意借给我一支铅笔用用呢？"

前排的一个学生立即将一支铅笔递给汪老师。

"大家都知道玻璃刀非常锋利，只需轻轻一划，就能将一块玻璃一分为二。你们知道玻璃刀的刀口是用什么东西做的吗？"

台下的学生有的说是钢铁，有的说是一种特殊的材料。

汪老师没说出答案，只是接着问："大家再看这支铅笔，你们知道铅笔芯是用什么东西做的吗？"

"石墨！"一个学生抢着回答。

"对，铅笔芯是用石墨做的，而玻璃刀的刀口则是用金刚石做的。"

"金刚石？"学生们好奇地问道。

"对，是金刚石。同学们，你们知道吗，金刚石是自然界最硬的天然物质，而制成铅笔芯的石墨是较软的物质之一，它们都是由碳元素组成的单质。"

"都是由碳元素组成的？"

"不会吧，如果真的是由同一种元素组成的话，性质也应该相差无几啊。可是为什么一个这么硬，而另一个那么软呢？"台下的学生一个个露出疑惑不解的表情，看着老师，急着等他说出答案。

"好，同学们想知道答案的话，下面我们开始学习碳的几种单质……"

片段二

在学习盐类的性质时，汪德富事先在讲台上准备了一杯不知名的溶液、一个小铜片、一支细铁丝。

然后，他指着手中的铜片说："同学们，你们中有哪位能在上边画出一只小企鹅呢？"

台下的学生面面相觑，怎么可能？又不是一张白纸，除非用刀子在上边雕刻。

见学生不语，汪老师笑笑，说："大家看我的！"

说着，他用一根细铁丝在杯子中的溶液里搅拌了一下，让铁丝上沾

满溶液，然后在铜片上勾勾画画，几分钟后，一只憨态可掬的小企鹅就出现在学生面前了。

"哇，真像我 QQ 聊天时的那只企鹅！"

"老师，这是什么魔水？"

汪老师看着台下七嘴八舌的学生，说道："大家安静了，想知道我用了什么魔水吗？下面我们开始学习盐类的性质，刚才用的魔水就是一种盐……"

案例分析

从以上的案例我们可以看出，汪老师上课时特意设置悬念，用学生不知道的但很感兴趣的话题引出课上内容，让学生从心底产生一种疑问，生出诸多好奇，让学生在充满疑问、期待的氛围中学习、思考，无疑是非常成功的例子。

悬念是未知通向已知的一道神奇的门。当我们打开这道门之时，豁然开朗，不知不觉，悬念已不再，于是，一切就淡了；但是，当门未开时，扑朔迷离，揣测连绵，人人都急切地想知道答案。

在课堂上设置悬念，能激发学生的学习动机，提高学生的学习兴趣，促使学生积极感知学习对象，增强记忆力，丰富想象力，促进积极思维。同时，课堂上的悬念也将学生的注意力集中起来，通过这样的引导，学生就会愉快地将自己的思绪投入到探索化学知识的情境中去。

在课堂教学中如能巧设悬念，必会对教学起到事半功倍的作用。

4. 培养学生的好奇心

好奇心是人生拓展的原动力。培根曾经说："知识是一种快乐，而好奇则是知识的萌芽"。如果你真心希望你的人生能不断成长，那么就得有像孩童般的好奇心；如果你不希望人生过得那么乏味，那么生活中就要多带些好奇心；如果你有好奇心，那么便会发现生活中奥妙之处无处不在，你就能更好地发挥潜能。

维护学生的好奇心，可以从以下两方面着手：首先，要保护学生自然流露出的好奇心。对他们的提问、质疑探索，甚至不同意见给予支持和鼓励，为学生表现好奇心和满足好奇心提供机会。其次，教师可以借助榜样的作用激发孩子的好奇心。有学者说过："教师的巨大力量在于做出榜样。他们要表现出好奇心和思想开放，并随时准备自己的假定将由事实来检验，至承认错误。传授学习的兴趣，尤其是教师的责任。"因此，老师可以通过自然地表现自己的好奇或无知来激发孩子的好奇心和求知欲。

苏霍姆林斯基："求知欲，好奇心——这是人的永恒的，不可改变的特性。哪里没有求知欲，哪里便没有学校"。因此，为了使学生成长为独立而有创造性的人才，我们教师必须维护并培养学生的好奇心，让他们在满足好奇心的过程中获取知识，把世界变得越来越好。

经典案例

诺贝尔物理奖得主、美国加州理工学院物理系教授理查德·费曼先

教学技巧篇

生天性好奇，自称为"科学顽童"。作为近代伟大的理论物理学家之一，他可能是历史上唯一被按摩院请去画裸体画、偷偷打开放有原子弹机密文件的保险柜、在巴西桑巴乐团担任鼓手的科学家。

他十一二岁时就在家里设立了自己的实验室。他在那里自己做马达，用光电管做些小玩意，还用显微镜观察各种有趣的动植物。有一次，为了了解草履虫在周围的水干掉之后会怎样，他用显微镜进行了观察：先在玻璃片上滴一滴水，放到显微镜下，他看到一只草履虫和一些"小草"。然后，他用了十几分钟时间观察草履虫在水逐渐蒸发时的表现，结果发现在水干掉后，草履虫居然可以像变形虫一样改变形状，尝试摆脱"小草的束缚"。

当他到普林斯顿大学读研究生的时候，他仍然保持着这样的好奇心。为了弄清蚂蚁是怎样找到食物，又是如何互相通报食物在哪里的，他也着手做了一系列实验，如放一些糖在某个地方，看蚂蚁需要多少时间才能找到，找到之后又如何使同伴知道；用彩色笔跟踪画出蚂蚁爬行的路线，看究竟是直还是弯。正是这些实验使他知道蚂蚁是嗅着同伴的气味回家的。后来，当他发现蚂蚁成群结队地"光顾"他的食品柜时，他运用自己发现的蚂蚁觅食规律，成功地改变了蚂蚁们的行进路线，使食品柜免受侵害。

在剑桥大学，维特根斯坦是大哲学家穆尔的学生，有一天，罗素问穆尔："谁是你最好的学生？"穆尔毫不犹豫地说："维特根斯坦。""为什么？""因为，在我的所有学生中，只有他一个人在听我的课时，老是露着迷茫的神色，老是有一大堆问题。"罗素也是个大哲学家，后来维特根斯坦的名气超过了他。有人问："罗素为什么落伍了？"维特根斯坦说："因为他没有问题了。"

德国著名化学家李比希把氯气通入海水中提取碘之后，发现剩余的母液中沉积着一层红棕色的液体。他虽然感到奇怪，但并未放在心上，武断地认为这不过是碘的化合物，只在瓶上贴张标签了事。直到以后一位法国科学家证实是新元素溴，李比希才恍然大悟。他因此称这个瓶子为"失误瓶"，以告诫自己。

案例分析

　　从费曼先生的实验中，我们可以看出他的好奇心有多大，很有一种不找到答案誓不罢休的劲头。他在理论物理领域所取得的巨大成就和他旺盛的求知欲有着很大的联系。维特根斯坦的名气之所以能够赶超大哲学家罗素，就是因为他始终保持着一颗孩童般的好奇心，不断地思考，不断地问"为什么"。而化学家李比希虽然已接近成功的边缘，但由于没有重视并坚持自己的好奇心，导致最终与重大成果溴元素的发现失之交臂。

　　学生是学习的主体，无论他们提出的问题是幼稚的还是难度较大的，教师都应该耐心予以解答，维护他们的好奇心的同时，进一步引导、培养他们相关方面的好奇心，使他们不断思考，产生强烈的求知欲。总之，维护孩子的好奇心既是教师教出好成绩、调动学生课堂积极情绪的必要手段，也是一个孩子将来有所成就的前提。作为一名人民教师，我们必须重视。

教学技巧篇

5. "启发式"教学，教会学生思考

"启发式"教学是指教师在教学过程中根据教学任务和学习的客观规律，从学生的实际出发，采用多种方式，以启发学生的思维为核心，调动学生的学习主动性和积极性，促使他们生动活泼地学习的一种教学指导思想。它的基本要求是，调动学生的主动性，启发学生独立思考，发展学生的逻辑思维能力，让学生动手，培养独立解决问题的能力。启发式是一种循循善诱的教学方法，是中国两千年以来最受学子们欢迎的一种教学方法。

教师在教学工作中依据学习过程的客观规律，引导学生主动、积极、自觉地掌握知识的教学方法。启发式教学的实质在于正确处理教与学的相互关系，它反映了教学的客观规律。随着现代科学技术的进步和教学经验的积累，启发式教学将不断得到丰富和发展。目前，一些国家教学法改革中的许多创造和见解，都是同启发式教学的要求相关联的。

启发式教学不是一种固定的、封闭的模式，而是一种开放的、不断吸收新的教学经验，不断充实和发展的教学指导思想，它与传统的灌输式教学模式大相径庭。

启发式教学在很大程度上就是老师充分调动学生学习的需要、兴趣、动机，培养学生良好的学习习惯，锻炼学生思考的能力，提高学生的智力水平。

经典案例

江阴市知名教师——要塞实验小学杨建国先生在上《圆的认识》

一课时，为了激发学生学习的思考力，大量地运用了启发式教学方法。

杨建国的开场白是："同学们，你们见到的车轮都是什么形状的？"

学生们齐答："圆形的。"

"为什么车轮是圆形的呢？"杨建国微笑着问。

这个问题真够新鲜的，学生们的好奇心一下子就被激发了出来。

学生们互相议论着，争辩着："老师，如果车轮不是圆形的，那就有可能走不快。""车轮不是圆形的，是正方形或是三角形的就会走起来上下颠簸不停的，车子就会走不稳的。"

杨建国继续问："圆形车轮为什么会转得很稳呢？"

学生们面面相觑。对他们来讲，这个问题确实有些难。

杨建国抓住这个机会，引导他们自己去寻找答案："你们能不能根据实际的车轮想一想它的奥秘呢？"

听到老师的话，学生们马上动起手来。有的拿起小车轮左右观察，用尺子和手比画着、思考着，有的拿着绳或尺子量起来，有的则在翻课本，企图从教材中找到答案。

杨建国没有打扰孩子们的思维，而是给时间让他们自由思考。

当杨建国看到陈明正在用一根小棍当尺子去测量车轮的辐条时，他的心里甭提有多高兴。

要知道，这个平时学习较差的学生，此时竟能想出这么聪明的办法来认识车轮，而这种方法正是寻找正确答案的捷径。

"陈明，你真聪明！"杨建国趁此机会鼓励道。

一句真诚的夸奖，给了这个调皮鬼无穷的力量！陈明立即站起来大声地道："老师，我发现辐条的长度都是一样的。"

"为什么是一样长的呢？"杨建国继续问道。

陈明愣住了。

此时，其他学生纷纷举起了手。

"车轴与轮子的距离相等，就保证了车与地面的距离始终不变，所以车子行走时就稳了。"这是优等生刘子秀的声音。

于是，杨建国就顺利地引出主题："正像你们所说的那样，每根辐条的长度是一样的，即轴与轮子上的距离相等，才能使轮子转动起来始终和地面保持相等的距离。那么，轴到轮子上的距离又是圆的什么呢？圆还有哪些特性呢？这也就是我们这节课学习的内容——圆的认识。"

案例分析

依照通用规则，杨建国在实际的课堂教学中完全可以把"圆的认识"直截了当地讲解为："直径等于半径的 2 倍；圆周长为 2π 乘以半径。"再把固定公式直接讲述给大家，然后演示一下实例即可。如此一来，杨建国可以省却很多工夫，学生只需死死记住公式也就可以了。但是，他们未必能从这个毫无感觉的公式中受到些许启发，更不能了解圆的其他规律。因为老师根本就没有给予学生们在课堂上思考的时间，而学生们课后也容易因忙于应试学习而彻头彻尾地忘记将知识落实到实践中。

启发式教学的方法，不但能启发学生的思维，而且可以活跃课堂气氛，让乏味的课堂变得生机勃勃，使学生变被动为主动，最大限度地发挥学生的积极性。

6. 巧妙提问，引导学生积极参与

课堂提问是课堂教学步骤中的一个不可缺少的环节，它在课堂气氛的创造上也有着突出的作用。如果说课堂导言已经创造一种课堂气氛，那么课堂提问则要巩固和发展这种气氛。新颖的问题才能引起学生的注意，才能创造出一种能够吸引学生注意力的气氛。另外，课堂提问还要讲究别致。别致的问题往往会创造出独特的课堂气氛来。教师在教学中应通过新颖别致的提问激活课堂，使学生的思维在课堂上得以发展，使课堂充满活力。此外，课堂提问还要把握好课堂提问的时机。

有经验的教师在教学过程中常常以精心设计的提问启迪学生的思维，激发他们的求知欲，促使他们积极参与学习，帮助他们理解和掌握知识，为学生发现、解决疑难问题提供桥梁和阶梯，引导他们一步步打开知识的大门。

经典案例

课堂提问是一项设置疑问、激发兴趣、引起思考的综合性教学艺术，它不但是教师素质的体现，还是教师教学观念的流露。下面是王冬英老师和刘宝丽老师教《小狮子爱尔莎》这一课时的教学片断，从中我们不难看出，课堂提问和把握课堂提问时机的重要性。

在第一次教《小狮子爱尔莎》一课的课堂上，王冬英老师以观看狮子独立捕食的录像导入，然后问学生："看了录像，你想用哪几个词或哪句话来说一说狮子？""狮子给你留下了怎样的印象？"在学生读通

读顺课文之后，教师提问："录像中的狮子是凶猛的，可爱尔莎在'我'的眼中是什么样的呢？它有什么特点呢？"学生围绕教师提问默读课文，有的边读边想，有的边读边划，在充分思考之后，学生争先恐后地谈起自己的看法来。当学生谈到"……它好像听懂了我的话，撒娇似的吮着我的大拇指，用头舔着我的膝盖，鼻子里发出轻轻的哼声"时，王老师问："你平时是怎样在父母面前撒娇的？"一个学生回答："我让爸爸给我买东西，而爸爸不答应时，我会拉着爸爸的手，边甩边说'爸爸，我要嘛，我要嘛'。"同学们都笑了起来，老师因势引导学生有感情朗读课文，一时间，教室里书声朗朗。

在第二次教这篇课文时，王冬英老师对教学环节和流程作了较大改动，给学生更多的时间朗读课文。在初读感知的环节里，教师要求学生读准字音，划出难读或喜欢的句子，多读几遍。有这样一段对话。

老师：谁愿意把想读的句子读给大家听？

学生：我喜欢这一句，"它那蒙着蓝薄膜的小眼睛睁开了，那水汪汪的眼珠滴溜溜地转"。

老师：同样喜欢这一句的同学再来读一读。（学生 2 读了该句）

老师：比较两位同学读的，你发现了什么？

学生 3：我发现学生 2 读得更有感情一些，他读出了小狮子的可爱。

老师：是这样的，请同学们再来读读这一句。

老师：还有哪些同学有其他的句子想读一读？

学生 4：我觉得这一句很难懂，"我用鞭子着（zhe）实教训了他一顿"，这一句中的"着（zhe）实"读起来很别扭，而且我也不知道这个词是什么意思。

学生 5：这个词读"着（zháo）实"。

老师：是的。还有没有其他难读的句子？

可见，王老师把握住每一个提问的机会，使学生尽可能参与课堂讨论。并且设置的问题目标明确，牵一发而动全身，抓住了文章的关键，有效地引导学生分析、理解课文，体会文章的情感。不过，美中不足的是，王老师没有改正学生的错误——"着（zháo）实"，使学生没有及时获得正确的知识。

在刘宝丽老师第一次执教《小狮子爱尔莎》的课堂上，学生围绕刘老师提出的中心问题"爱尔莎是一只怎样的狮子呢"分析理解课文。

读到爱尔莎"洗澡"一段"它看我蹲在河边，故意扑腾起浪花，还用前爪轻轻地把我扑倒在地上，十分高兴地和我开玩笑"时，刘老师问："看到这种情景，你觉得他们像一对什么呢？"学生的回答五花八门，"像朋友"、"像母子"、"像伙伴"、"像亲戚"，甚至词不达意地说"像子女"。

接着学生往后分析到"换牙"段，"爱尔莎开始换牙的时候，像孩子一样张开嘴给我看。我轻轻地摇动它快要脱落的乳牙，它闭着眼睛，一动也不动"。刘老师又发问："此情此景，他们像一对什么？"学生答："像母子。"

刘老师前后几次提出"他们像一对什么"的问题，使课文分析或学生情感体验有迂回现象，也由于这个问题在"洗澡段"出现不够恰当，导致分析效果欠佳。

第二次执教时，刘老师以"你喂养过小动物吗？你给它取过名字吗？"导入新课，三位学生分别做了回答，喂过小兔子、小鸭、小狗，学生有的凝听，有的偷笑，气氛轻松活跃。

在分析到爱尔莎抓伤驴子的内容时，刘老师问：主人是怎么训斥狮子的呢？

生1：边挥鞭子边说，"我叫你欺负人，我叫你欺负人！"

生2：爱尔莎呀，它可是我们的好伙伴，你伤害了他们，谁给我们驮行李呢？以后可不许这样了哟！

在分析作者要把爱尔莎送回大自然，二者难舍难分时，刘老师问："三年来，他们已经情同母子了，可是为什么又面临这种分别呢？"学生答："爱尔莎是野生动物，大自然才是它的家"，"作者越是爱爱尔

莎，就越是应该把它送回大自然"。

案例分析

　　小学生的思维没有主动性，必须通过一定的手段，才能激发学生的积极思维，而课堂提问是教学中反馈学生掌握情况的最常用手段，它是一种教学方法，也是一门艺术。

　　王冬英老师在第一课时教学中的提问能够把握住时机，堪称绝妙。牵一发而动全身，抓住文章的关键。将文章的所有问题归为一个问题，由这个问题将其余牵引出来，有效地引导学生分析理解课。刘宝丽老师在第二次教学中提出的问题也很好，抓住了重点，适时地将学生导入情境，有效地激发了学生的学习热情。

　　但如果提问方法用得不妥，就很难起到它的作用了。如王冬英老师没有很好地掌握学生阅读方面的理论，她不知道读通读顺课文是初读时的基本目标，而"有感情"则是在学生分析、感悟文本时逐步做到的，而且她对于学生提出的问题没有正视，错失了培养学生质疑精神的良好时机。刘宝丽老师在提问时，使课文分析有迂回现象，这属于教学事故，是提问法没有掌握好。

　　所以说，我们一定要掌握好提问的时机，这样不仅可以及时检查学生学习情况，开拓学生思维，激发学生兴趣，引领学生进一步体会文章情感，引起感情上的共鸣，还有助于活跃课堂气氛，促进课堂教学的和谐有序发展。

　　课堂提问不仅可以拓宽学生思路，启迪思维，还有助于发挥教师的主导作用，调节教学进程，活跃课堂气氛。课堂提问是课堂中最普遍的师生互动方式，它能帮助教师了解和把握学生的学习状况，调控课堂教学，精彩而有效的提问能使教学有声有色，提高课堂教学的质量。

优秀教师课堂情绪管理的智慧

7. 用激情燃烧你的课堂

苏霍姆林斯基说："有激情的课堂教学，能够使学生带着一种高涨的激动的情绪从事学习和思考。"也就是说，有激情的课堂教学是奔放的，有吸引力和感染力的，这显然是高效率的课堂必不可少的元素。高效的课堂需要师生焕发生命的激情，点燃心灵圣火，拨动生命的琴弦。因为只有激情才会有创造；只有激情，才能使教诲永远具有探究的魅力。赞可夫曾经说："智力活动是在情绪高涨的气氛里进行的。"因此，激情的课堂更需要教师拥有一颗充满激情的心灵。

我们知道，充满激情的课堂能激起学生努力学习、探索新知的欲望，能够调动学生探究问题的主动性和积极性，激发学生的想象力，拓展学生的思维，帮助学生更好地掌握知识并不断进步。

经典案例

著名教师窦桂梅老师所教的《难忘的一课》，就是这样一堂富有激情、非常精彩的课。

上课了，窦老师首先带领学生阅读、分析重点课文，随后，在悠扬婉转的《思乡曲》中，师生共同深情朗诵台湾著名诗人余光中先生的《乡愁》：

"小时候/乡愁是一枚小小的邮票/我在这头/母亲在那头/长大后/乡愁是一张窄窄的船票/我在这头/新娘在那头/后来呀/乡愁是一方矮矮的坟墓/我在外头/母亲在里头/而现在/乡愁是一湾浅浅的海峡/我在这

头/大陆在那头……

窦老师：看得出，此时此刻，同学们的心已经沸腾，还有什么话能足以表达我们那份心情呢？只有那一句……

学生（齐声朗读）：我是中国人，我爱中国！

窦老师：放声朗诵来表达你此时的心情吧！

（学生再一次大声朗读）

窦老师：下面，请大家拿起笔，再写一写这句话，并将这句话永远地镌刻在你心灵的深处。

（师生共同提笔，教师用红笔，学生一个个凝神静气地、庄严地写这句话）

窦老师：想读就大声读吧！

学生：我是中国人，我爱中国！

窦老师：语气虽然不同，但感受和认识是一样深刻的！

窦老师（充满激情地说）：同学们，通过这堂课，相信你一定记住了"我是中国人，我爱中国"这句话，世界上什么都可以选择，但唯独不能选择的是自己的父母、自己的祖国。或许有一天，你身在国外，但请你不要忘了今天的这堂课，更不能忘了这堂课里你记住的"我是中国人，我爱中国！"我们大家再读一遍这句话吧！

学生：（铿锵有力地）我是中国人，我爱中国！

窦老师：读得太好了！同学们，咱们今天上的不是普通的语文课，而是一堂人生感悟课，因此，这也就称得上是……

学生：难忘的一课！（教师在课题后加上感叹号，在全场掌声中结束教学）

案例分析

窦桂梅老师的这一案例最大的特色就是通过创设情境，用激情的语言唤起学生内心强烈的情感，达到对学生情感、态度、价值观的陶冶和

优秀教师课堂情绪管理的智慧

熏陶。

一堂有灵性的课离不开激情，这激情包括老师的激情和学生的激情，老师的激情源于对教育教学工作的热爱，学生的激情来自老师的唤发引导。师生的激情感悟交流中，形成对各自人生观、价值观的新的感悟和定位。

一堂好课的基础是授课者的激情，富有激情的课堂能激起学生求知创新、勤奋学习的激情，调动学生探究问题的主动性和积极性，激发学生的想象思维，拓展学生的思路，帮助学生更好地掌握知识。而这种激情有利于教师把知识燃烧，燃烧的过程既是感染自己，也是感染学生。所以，只有教师充满激情的生命活力在课堂中不断涌动，才能真正有助于学生的培养和成长，才能让生命之花在课堂上尽情绽放，使课堂成为师生共同成长的生命之所。在实施素质教育的今天，随着新课程改革的不断深入，营造课堂教学激情氛围，提高教学效率，应是我们每位教师的自觉追求。

教学技巧篇

8．学习方法，学生学习的利器

　　中国有句古话叫"授人以鱼不如授人以渔"，说的是传授给人既有的知识，不如传授给人学习知识的方法。道理其实很简单，鱼是目的，钓鱼是手段，一条鱼能解一时之饥，却不能解长久之饿。如果想永远有鱼吃，那就要学会钓鱼的方法。

　　钓鱼有钓鱼的奥妙，教学有教学的方法。"授之以渔"的道理在教学领域尤其重要。中国文化博大精深，典籍浩如烟海。在有限的生命里，我们不可能把所有的知识都传授给学生；在有限的生命里，学生也不可能把所有的知识都理解、掌握。这就要求我们教师要注重教学方法的传授，使学生具有举一反三的能力，在最短的时间内学到更多的知识。

经典案例

　　特级语文教师陈俊认为，每个人都是以自己独特的方式去构建对事物意义的理解的，不同的人往往看到的是事物不同的方面。课外阅读也是如此，学生阅读同样的材料，也会由于原有的知识积累和生活经验的不同，对材料产生不同的理解，有的贴近原文，有的对原文加以升华，有的却与原文风马牛不相及。

　　因此，对待课外阅读，陈老师都会给予学生积极而有效的指导。尤其是刚刚起步时，考虑到学生年龄特点和接受能力，陈老师选择了一些学生较感兴趣的优秀作品，如《西游记》、《三国演义》、《水浒传》、

《鲁滨逊漂流记》及《老人与海》等。学生在阅读过程中能够享受与作者、作品中人物"对话"的愉悦，能充实、净化学生的情感世界，从中领悟人生的真谛。

从学习语文基础知识的角度来讲，这些作品涉及了众多的生活场景描写，运用了丰富的语汇，能体现出作家作品的风格，可以让学生扩大语文基础知识的积累，让他们有多方面的收获。

陈老师还会按照课外阅读推荐书目向学生介绍相关背景指导，组织专题讲座等。他会先提供给学生一个"面"，然后让学生自己去选择一个或几个"点"，一般让学生在一个月之内完成一本书的阅读量。

在这样的指导和调控之下，学生阅读时既有"点"的自由，又可以得到"线"和"面"的保证。在陈老师一段时间的引导之后，学生们都学会了自己选择书目、制订读书计划。

陈俊老师在教授《绿》这篇课文的时候，上课伊始，他用绿色粉笔在黑板上写了一个大大的"绿"字，然后问："同学们，你们能联想到什么？"

这样，学生情绪立刻被调动起来，纷纷踊跃发言：

"青松翠柏的树林。"

"碧如翠玉的湖面！"

"一望无际的草原。"

"绿粉笔！呵呵……"

陈老师看着一个个认真思索中的学生，继续问："假如你是一位画家，你将怎样表现出眼前的绿？"

"拿出画笔，饱蘸绿色颜料，描绘出一幅祖国绿意盎然的山川，这就是绿！"

"可以画一片草原，再点缀几只白色的小羊羔……"

有的学生已经有些跃跃欲试，一只手在课桌下摸索着画笔。

陈老师继续问道："如果让你们用语言文字将这些绿表述出来，又该怎样表述呢？"

学生们开始更加认真思考起来，从他们的神情可以看出这个问题的难度。

陈老师见时机成熟，于是引出课文，直奔教学主题："下面，让我们看看朱自清先生当年在温州游仙岩梅雨瀑时写下的散文佳作《绿》，看着他是怎样将一潭绿水写得生动逼真、活灵活现的！"

在语文教学中，很多色彩、线条、形体不能直接用语言来表述，必须借助学生的联想、想象来还原为视觉形象。因而，只有充分调动学生的联想积极性，才能对作者生动的比喻和恰当的比较有一个直观的认识。

案例分析

案例中的陈老师上课有自己独特的做法，他没有直接跟学生讲这节课要学习什么，而是先从跟课文题目相关的"绿"说起，引发大家的想象，调动学生的既有知识，共同讨论，甚至注重学生发散性思维的培养。经过这节课，相信再遇到新课或类似的问题时，学生们会知道该如何切入、如何思考，这就是教学方法的巨大力量。

教师教书育人应该面向全体学生，使每一位学生都对学习产生浓厚的兴趣，保持一种强烈、持久的学习动机，拥有饱满的学习情绪，主动积极地参与学习。要想达到如此效果，光靠简单的知识传授是远远不够的，我们必须要对学生的学习方法加以重视，使学生"会学"，才是情绪管理的重点所在。

优秀教师课堂情绪管理的智慧

9. 让生活为你的课堂添色增彩

生活化的课堂教学，就是给严肃而神圣的课堂教学赋予活泼愉快的生活内容。它是创造性的教学和有效的教学。创造性的教学以发展学生的多种才能为目的，在教学过程中特别强调和突出教师和学生、学生之间的相互沟通、激励、启发和分享，是既有竞争又有合作的一种教学方法和途径。生活化的课堂教学，这种新模式以通俗的生活现象诠释干枯的理论教条，寓教于乐，高度灵活地运用了理论联系实际的教学原则，巧妙地将思想情操和知识技能熔为一炉，给课堂注入更多人文气息，营造活跃氛围。

知识来源于生活，又服务于生活。教师在向学生传授知识时，应以具体生活中的感性材料为载体，这样才能使所教知识与学生储备的生活经验相呼应，从而调动他们的兴趣，有利于他们的自主学习与探究学习。共同的生活经验和兴趣又能更好地促使学生的合作学习，并且能更好地帮助他们解释生活，引导他们关注自己的生活环境，进而更正确地认识人与环境的关系，树立正确的人生观和世界观。

作为一名教师，我们要充分挖掘生活资源，从学生的生活经验出发，将知识与生活紧密联系起来，尽可能地给课堂注入生活的新鲜血液，把无穷的生活情境融入有限的课堂知识中。此外，教师要不断提高驾驭教材的能力，灵活处理，适度调整，使教学素材更具生活化、时代性的特征。让学生更轻松、更容易地掌握所学内容，不断丰富学生的知识，拓展学生的视野。

经典案例

数学是一门很抽象的学科。很多学生对数学不感兴趣，一提数学就摇头叹气，一上数学课就做小动作或打瞌睡。这种情绪甚至还殃及池鱼，连数学老师都一并否定了。

河南省郑州市金水区实验小学杨燕老师却是一个深受学生喜爱的数学老师。她的数学课无人缺席，无论好生、差生都生龙活虎、兴趣十足。

下面是杨老师讲授《测量——分米、毫米的认识》的教学片断：

学习本节课之前，学生已经认识了"米"和"厘米"，对"米"、"厘米"有了初步的感知，知道"米"和"厘米"是常见的长度单位，也知道了"1米"和"1厘米"大约有多长。

杨老师的这堂课主要包括下面3个部分：

活动一：创设情境，实际测量教室的物品

杨老师首先说道："同学们，今天，我们到学校新建的这个多媒体教室来上课，你们感觉怎么样呀？"

学生1说："感觉这个教室比我们的教室要大得多，桌子也不像教室里的是一个人一张桌子，而是一个小组一张桌子，大家在一起合作学习的时候会更方便。"

学生2说："感觉这个教室的黑板应该和我们教室里的黑板大小差不多。"

学生3说："感觉这里的课桌要比教室里的课桌高一些。"

杨老师问："这里的课桌、黑板、讲台的长、宽、高都和我们教室里的不一样，那么，它们到底有多长、多宽、多高呢？谁愿意来估计一下？"

一学生说："我估计这个课桌的高有100厘米，我们昨天量的教室里的课桌有70厘米，我感觉这个课桌比教室里的高，所以我估计有

100 厘米。"

另一学生说："我估计这个课桌没有 100 厘米，因为教室里的桌子到我的肚子的这个位置，而这里的桌子好像只比教室里的高一点点，我觉得最多也就 80 厘米吧！"

看到学生们各有见解，杨老师便说："那我们就来量一量吧！我们以小组为单位，你们可以测量这个教室里的任何一样东西。先在小组内讨论决定你们组要测量什么，再估计一下有多长，然后说说准备怎么测量，最后把测量的结果记录下来。"

学生开始分头测量。

杨老师说："现在，到了交流汇报的时间了，哪个小组的代表先说？"

"我们组测量的是黑板的长。我们是用米尺来量的，每量 1 米我们就在黑板上做一个记号，接着量第二次，我们最后量的结果是黑板长 4 米。"一学生答道。

"有没有哪个组测量的也是黑板？和他们组测量的结果一样吗？"杨老师问。

"老师，我们组测量的也是黑板。我们量的结果和他们的结果一样，应该说他们组测量的结果是正确的。"一学生回答。

"我们组测量的是这个课桌的长。这个课桌比我们教室里的课桌大得多，我们想知道它到底有多长。我们是用我们几个人的小尺子接起来量的，我们测出课桌的长是 1 米 3。"又一学生说出他们所做的测量。

"能告诉我，这个 1 米 3 应该怎么写吗？能让我看看你们是怎么记录的吗？"杨老师问道。

同时，投影仪展示学生练习本上记录的结果：1m3cm，1m30cm，1.3m。

"还有没有哪个组测量的也是课桌的长？"杨老师想看看有没有不同的记录课桌的长的方法。

"我们组测量的是课桌，对于记录的方法我还想补充一下，我记录

的方法和这几个都不一样。"一学生勇敢而自信地答道。

"来，把你们组记录的结果也展示出来好吗？"

杨老师用投影仪展示与上组不同的记录方法：130cm，1米3。

"有这么多种记录的方法，谁能简单评价一下吗？"杨老师又问。

"我觉得130cm比较好，我们已经学过了：1m=100cm，1米3应该就是130cm。"

"我觉得1米3这种记录方法不太好，你只说3，到底是什么呢？是3米还是3厘米？都不合适，我觉得1米30厘米比较好，说得清清楚楚的。"

"刚才我们组测量的也是课桌的长度。我们量的结果是1m30cm，所以写成1m3cm是错误的。他把30cm记成了3cm，这是不对的。"

"我用的1.3m这种方法是小数，这是我妈妈告诉我的。妈妈说如果物体的长度不够一米，就可以用小数表示。"

"我喜欢用130cm。不是整'米'，但是总是整'厘米'，吧！那我们就用厘米作单位好了。"

对测量数据的记录方法，学生们各有自己的想法，但有的是对的，有的是错的。于是，杨老师补充道："其实，在这几种表示方法中，除了1m3cm是不正确的，其他的几种表示方法都是可以的，在使用的时候你们可以根据自己已经掌握的知识进行选择。"

"我们组测量的是门的高度，我们测量的结果是2m多一点，因为上面太高了，我们没有够着，剩下的大约不到10cm吧。"

"那我们再一起来测量一次，看这扇门究竟有多高！谁能出个主意，怎样才能看清多出来的是多少厘米？我们应该怎么测量？"杨老师问。

"上面看不见，我们就从上面开始量，从下面看多出来的是多少厘米不就行了吗？"

"真聪明，这个主意很不错。"杨老师评价道。

接下来，师生开始一起测量。

"看来，你们估计得还比较准确，这扇门的高度是 2m10cm。那我站在门的旁边，请你们估计一下我有多高呢？"杨老师顺势提问。

"我觉得有 1m60cm。您刚才测量门的高度的时候，我看您很容易就把米尺的那一头放在门上边了，上面也就剩半根米尺那么长了。"

"你真善于观察，连我刚才测量的动作你都没有放过。"杨老师表扬道。

"我估计您有 155cm。我妈妈就是 155cm，我觉得您和我妈妈差不多，所以我估计您也是 155cm。"

"比较是估测时常用的一种方法，你以妈妈的身高为标准来判断老师的身高，也是一种好办法。"

"刚才，我们在测量的时候，大家使用了米尺、软尺、小尺子等测量工具，它们能帮助我们迅速知道一个物体的长度。"杨老师总结道。

活动二：寻找并使用自身的测量工具

"当你需要测量一个物体的长度的时候，而身边又没有现成的测量工具，你准备怎么办呢？你知不知道在你的身上也藏有许多这样的工具呢？它们虽然没有尺子测量得准确，但是在很多时候也能帮我们的忙呢！"杨老师引出课题。

"我知道，我们前天学习的时候就知道了，我的小手指的宽大约是 1cm，要是没有尺子，我可以用我的小手指来量。"

"我还知道，我的双臂平伸，稍微向里面一点，就是 1 米。"

"你身上还有别的尺子吗？刚才那个同学把妈妈的身高作为标准来判断老师的身高，就是一个很好的方法。其实，你自己的身高也是一个很好的尺子呀！下面，我们就来找一找自己身上的尺子好吗？"杨老师说道。

"现在我来布置任务，请你量出自己的身高、步长和双臂平伸时两指尖的距离。可以自己量，也可以找同学合作。"

学生开始自己量或互相合作，并将量的结果填在书上。

"测量好了吗？下面我们就来检验一下，看你们的尺子管不管用。

我请我们班的两位同学到前面来，请你估计他们的身高。"

两名学生同时上台。

"我估计××同学的身高是1m30cm，因为我刚才量的我的身高是1m20cm，他比我高一些，我觉得他应该是1m30cm。"

"我估计××同学的身高是1m28cm，因为我刚才量我自己的身高就是这个，我觉得我们两个一样高。"

"再估计一下这两位同学的腰围、头围是多少。知道什么是腰围、头围吗？"

"知道，腰围就是腰这一圈的长度。老师，我需要上去抱抱他。（上台抱这位学生）我估计他的腰围是50cm。因为我刚才量了我双臂平伸时两指尖的距离和我的身高差不多，是1m20cm，现在，我一只胳膊就能将他的腰围住，说明他的腰围跟我的胳膊的长短差不多，我看最多也就50cm吧。"

看这位学生说得还有一定的道理，杨老师说道："你能以自己身上的尺子为标准进行比较，说得挺有道理的，我感觉你估计得应该是比较准确的。

现在我想知道你们的腰围和头围的准确长度，要怎么测量呢？谁有比较好的方法？"

"我今天带来了软尺，我可以直接围在腰上量。"

"我们家没有软尺，但是我带了一根绳子，我先用绳子在我的腰上围一圈，作个记号，然后量这段绳子的长度就可以了；量头围也是一样的。"

学生开始测量。

"把你们测量的结果和你们刚才估计的结果比较一下，你能发现什么？"

"我估计的结果和测量的结果差不多。"

"看来，我们身上的这些尺子还真管用。我们再来试一次。你知道了自己的步长，请你以这条线为起点，估计一下10米大约到哪里，自己做一个记号。"杨老师说。

"再来走一走，看这 10 米你大约需要多少步。这么长的距离，请你估计一下，需要多少个同学手拉手才够 10 米？谁想来试一试？"杨老师问。

学生开始估测。

"通过这些活动，你想到了什么？你会对物体的长度进行正确的估计了吗？"杨老师又问。

"老师，我发现我的估计能力越来越高了，我估计的结果也越来越准确了。我看，要想估计准确就需要多练习。"

"我觉得记住几个标准很重要，比如我记住我的身高，我在估计的时候就和自己的身高相比，估计得就比较准确了。"

"你们说得真是太好了，知识和能力就是这样在日常生活中通过练习积累提高的。希望你们在日常生活中自觉地多做练习，做一个生活中的有心人。"杨老师高兴地说。

活动三：练习

"下面我们就一起来做一个有关这方面的小练习。请同学们打开书第 19 页，看第 3 题，你能看懂吗？谁能说说看？"

"这是一个搭物体的游戏，让我们计算搭成的图形的高是多少？"杨老师提了两个问题。

"这三种物体的高是不一样的，第一种高 2cm，第二种高 3cm，第三种高 8cm。"

"就是看看每种图形是用哪几种物体拼成的，然后将他们的高加起来就可以了。"

"那就自己完成吧！"杨老师说。

很快，学生独立完成了。

这就是杨老师的课堂。杨老师将课堂生活化，让学生在玩中学习，在学习中"玩"。

如此轻松、愉悦、热闹的课堂，就算不是杨老师班上的一分子，也

会有种身临其境的感觉；就算学生数学非常差，也会陶醉于杨老师的课堂。

这一切都是课堂生活化的魅力！

案例分析

现在有些老师的数学教学存在着一个弊端：教师为了教而教，只是把知识生硬地教给学生，而对于学生来说，他们越来越感到数学是枯燥的，是冷冰冰的，学习数学只是为了完成学习任务，进行数学考试。这样的教学欠缺了鲜活有趣的的东西，使数学与生活脱节，完全失去了学习数学的重要意义。案例中的教师教学灵活多样，方法独特。她在教学活动中拉近数学与生活的联系，让学生感受到数学来源于生活，生活中处处有数学。"生活化"使数学课堂充满魅力。

课堂教学应该富有生命力。课堂教学不仅仅是为了知识而教学，更是为了学生的发展而教学。在生活化的课堂中，学生成为学习的主人。学生不仅可以解放他们的眼、耳、口、手、脚等器官，而且更为重要的是，学生在课堂教学中有了自己思维与活动的时间与空间，学生在学习知识、掌握技能的过程中，将自己的体验与兴趣结合起来，将自己的方法、价值观与知识的获取结合起来，使学生充满活力，使课堂丰富多彩。

10. 让探究精神成为学生的习惯

探究，也叫做发现学习，学生在学习情境中通过观察、阅读，发现问题，搜集数据，形成解释，获得答案并进行交流、检验、探究性学习。

反思我们的教学方式和学生的学习方法，一些教育专家和工作者发现：人们的学习主要依赖于两种方式，一种是接受式学习，另一种是探究式学习，两种学习相辅相成、缺一不可。我们的基础教育过多地注重了接受式学习，而忽略了探究性学习在学生学习过程中的重要价值，使探究性学习在教学中处于被忽略的地位。

探究式教学对教师是一种巨大的挑战，是一种良好的学习方式。它不仅有利于拓展学生的思维、拓宽学生的知识面，还有助于调动学生的学习情绪，激发学生的求知欲。

经典案例

有一年暑期，杨老师被调到县城一所小学任教，担任四年级某班的班主任。开学第三天的数学课上，一名女学生突然发出一声惊叫："蛇！"全班顿时炸开了锅，呼叫声不断。有的学生爬上了桌子，有的学生跑到了教室外。数学课的女老师也慌了手脚。当杨老师赶到教室时，只见男生李亮趴在桌子底下，伸手一把抓住一条蜥蜴，往一个小纸盒里一塞装进了书包，若无其事地坐到位子上。杨老师把惊魂未定的学生安静下来后，要李亮带上纸盒离开了教室。

杨老师努力控制住自己的情绪，指着纸盒心平气和地问："你抓蜥蜴，不怕它咬吗？"

李亮低着头，过了一会儿回答说："蜥蜴没有毒，不咬人。"

"是吗？你怎么知道的？"

"我看过书。"

"你什么时候抓到的？"

"七八天了。"

"这么久了，喂什么给它吃？"

"我没喂它。"

接着，他主动承认不该将蜥蜴带到学校，并把那条蜥蜴丢进了花圃。杨老师没批评他一句，让他进教室上课去了。当天，前任班主任告诉她：李亮是个非常淘气、贪玩的孩子，常作弄女同学，学习成绩很不好。

面对这样一个贪玩、不爱学习的孩子，面对他把蜥蜴带到学校的恶作剧，杨老师该怎么办？

几天后，杨老师来到他家，避开他与其父母进行了交谈。他的父母亲都是领导干部，工作繁忙，对他学习上的事较少过问。兄弟中他最小，从小母亲对他有些放纵，养成了倔强的性格。两个哥哥也说他是糊不上墙的烂泥。接着，杨老师走进了他的小房间，书桌上有不少课外读物，书桌下摆着一些瓶瓶罐罐，在一个纸盒里躺着一条蜥蜴。

"你又养了一条？"老师问。

他怯生生地说："杨老师，书上说，蜥蜴饿急了会吃掉自己的尾巴。我想试一试，看是不是真的。"

他还告诉杨老师，带到学校的那条已试了 6 天，这条也饿了 3 天了。杨老师热情地鼓励他把实验进行下去，并告诉他如何做好观察记录。

第二天，杨老师在班上介绍了李亮的蜥蜴实验，并表扬了他的探索精神。从此，李亮主动接近杨老师，对她产生了好感。两个星期后，他递给杨老师一个小纸盒，兴奋地告诉老师，蜥蜴的尾巴不见了。杨老师和他一起剖开蜥蜴，在肚子里找到了尾巴。他高兴得不得了。

正在这时，县里要举行科技小发明小论文竞赛。杨老师指导他整理蜥蜴实验的记录，写成了一篇观察报告，推荐给学校。学校又选送到县里，获得了小论文二等奖。

杨老师陪着他参加了颁奖大会。那天放学后，他把奖状端端正正捧在胸前，穿大街过小巷跨进家门，大声对妈妈说："妈妈，把哥哥的奖状都取下来，从今天起，要贴我的奖状了！"

不久，同学们选他担任科技活动小组的组长，六年级时当了学习委员，并以优异成绩考入县重点中学，再后来由石油学院毕业后到祖国大西北一个油田工作，成了技术骨干，曾两度出国学习。

后来他在美国给班主任寄了一封信，在信中写道："在科学道路上攀登，我常想起那条蜥蜴和那张奖状……"

案例分析

从案例中，我们可以看出，用热情的态度刺激学生的探究动机，学生会有意想不到的发展。

作为一名教师，我们要注重让孩子带着浓厚的兴趣学习，不断刺激学生的求知欲望。每个孩子都有自己对外界的一个基本认识，它反映的是孩子的所见所闻。对孩子来说，世界是神奇的。每个孩子面前都有十万个、百万个甚至千万个为什么，他们会提出这样那样的问题，甚至一些怪问题。认真对待孩子的每一次提问，尽力对问题作出正确的、通俗易懂的解答，满足他们的求知欲，培养他们实事求是的科学态度和百折不挠的探索精神。

探究学习是从知识获得途径与方式的角度对学习进行分类得出的，它相对于接受学习而言。探究学习是指在教学中，创设一种类似学术（或科学）研究的情境，通过学生自主、独立地发现问题、调查研究、

动手操作、表达与交流等探究性活动，获得知识、技能和态度的学习方式与学习过程。上面这个案例，教师很好地把握了探究学习的特质，创设情境，激发学生探究的兴趣，是积极有效的探究学习。

合作联盟篇

　　随着社会分工的细化，人与人之间的合作便显得越来越重要。作为一名教师，要想调动课堂情绪、提高教学质量，就必须团结一切可以团结的力量。我们不仅要给学生独立的时间、空间，努力团结学生，还要注重同事间的合作，取人之长，补己之短，同时，更要跟家长在教育上达成一致，共同教育学生，使他们健康、快乐地学习、成长。

1. 给学生一片自由驰骋的天空

现代教育的核心是给学生自由发展的空间，解放学生的个性，在自由与解放中培养学生的探索。在课堂上，要尽量让学生多参与，给他们创造时机，营造自由学习的空间，应该给孩子更多的自由活动和想象空间，去发挥自己的特长，表现自己的个性。根据教学内容机动教学时间，拓宽教学空间，在教学中，应该引导孩子用自己的眼睛去观察大自然中的一切事物，而不是把我们成年人眼中观察到的东西，强加到他们身上。少给孩子条条框框束缚的东西，少一点示范性的东西，多给孩子一点自由的想象空间，教给学生观察分析事物的方法，逐步提高他们的观察能力。

要将学习的时间与空间还给学生，尽可能地给他们提供更多的学习机会，最大限度地激发他们的学习兴趣，激发他们的创造力。让他们有比较充分的时间和空间进行自主学习、独立思考。学习是学生的个性行为，学生是学习和发展的主体。在当前全面推进素质教育的形势下，提倡自主学习、独立思考、合作探究的学习方式是培养创新能力的重要举措。

经典案例

去年接了一个新班，班里有几个"问题生"。其中剑南的问题最为严重。全班学生和老师对他都很发愁。

当我对他们有了比较全面的了解后，针对性地制定了详细的教育方案。这些方案总的指导思想是要给他们足够的空间，给他们足够的宽容，以满腔热情把他们引到正确的方向上来。

开学不久，先是剑南的同桌要求调换座位；后来，周围同学也开始对剑南不满；几位任课老师也都向我反映了剑南的"不轨行为"。一次晚自修剑南又在走廊打闹，我趁机把他请到办公室。

我问："玩呢?"（他不做声）

"开学一个多月了，感觉怎么样?"我又问。

"还好。"他回答。

"精神很好嘛，好像身体也不错啊，足球踢得很好吧?"我夸奖道。（他有点不好意思）

我又问："你是怎么看自己的?"

他想了想说："我上课接老师的话，好讲空话，老师和同学都瞧不起我。"

我说："同学、老师说你总是捣乱，你怎么看?"

他马上辩解："我不是故意捣乱，我就是喜欢说话。"

"那也影响了课堂纪律啊！是不是呀?"我问。

"是啊！我改。"（他好像信心很足）

"那怎么改呢?"我问。

"慢慢改吧。"他慢悠悠地说。

"那得多长时间?"我又问。

他说："我也不知道。"

"你看这样可不可以，你和同桌配合一下，我和其他老师也讲讲，把你一节课讲空话的次数记下来，每天要比前一天少一次，如何?"

他说："试试看吧，我一定改！"

剑南没有食言，在以后的日子里，随着讲空话记录的次数逐渐减少，他的这个缺点真是改了不少。

对剑南这样的学生，新学年是他们最好的契机，也是老师教育的最好契机。

后来剑南告诉我，我和别的老师不一样，服我！

从那以后，剑南上课"捣乱"少了，学习成绩也在逐步提高，变化最明显的是精神特别好，对老师特别有礼貌，只要是老师，老远就问好，还成为年级的表率。当然问题还很多，像值日早早就跑得无影无踪，在教室乱跑等。

一天，同学告诉我，讲桌不知谁给弄了一个大窟窿。我去一看，可不是。我问："谁的杰作？"

"我不小心撞坏的。"剑南说。

"什么部位能把讲桌撞出窟窿来？"我看着他问。

"我帮老师安装投影仪的时候，太粗心了。把桌角碰了一个大窟窿。"剑南怯生生地回答。

不少同学在一旁幸灾乐祸。"噢，原来是帮老师干活弄的。好了，你先用透明胶带粘一下。以后小心点。"我语重心长地说。

下午还没有上课，一个同学跑过来说，剑南又把他的桌子弄坏了。

我去教室一看，果然那个同学的课桌后面的胶合板掉下了一块。

"你弄的？一天之内，连中两招啊！"我看着剑南说。

"我的衣服挂在了他的桌子上。"剑南说。我一看，他的衣服真的开了一个大口子。

原来是这样。"在教室里，行动要小心些，你看要是把你的皮或别人的皮扯下一块就麻烦了。明天中午把桌子抬到维修组修一下，如果需要赔钱的话，你们协商一下。"剑南一个劲地点头。

不久，剑南又犯事了，而且是打架。当时我想，最近，剑南应该是比较克制的，在班级的表现我还是比较满意的，如果真的寻衅滋事，可得修理修理他了。

后来，德育处也把事情调查清楚了，放学回家的路上，另一班的几个同学对着他喊"武大郎，吃粗粮"。起初，剑南保持了克制，剑南的嘴可真是油，那几个说不过他，几个人一起上，把他按倒在地上。我在班上向同学们通报了这件事，还把没有出手的剑南表扬了一番。事后剑南的日记很让我感动，他说因为他使班级被扣分，使到手的流动红旗擦肩而过，心里十分愧疚。对不起老师，对不起全班同学。

但万没想到的是剑南的爸爸看了日记后，认为儿子被人无端打了，还对不起老师。马上投诉到学校，并扬言，决不罢休，还说要带人来学校劈了那几个学生。校办通知我尽快做家长工作。

第二天，我和剑南的家长进行了交流，他的爸爸也提高了认识，没有惹事。我也明白了，剑南的性格和他的成长环境有关，对剑南的教育是一个综合效应。学校能解决的问题毕竟是有限的。

之后我和剑南交流这件事，剑南说："我爸没上过学，动不动就动粗，我说不要给学校打电话，他非打。"

我说："你爸这是心疼你。"他不说话。

其实在开学不久，我就发现，造成剑南行为习惯的原因除了家庭之外，还有由于剑南出手很快，作业常常在很短的时间就完成了，写完作业，没事可做，就和周围的同学讲话，慢慢就形成了说话的习惯。

我想，该引导剑南读书了。几次交流之后，我发现，剑南对《三国演义》非常感兴趣，于是，我给他推荐了一本以三国说管理的书。他看了之后问我有没有原著，于是我给他推荐人民文学出版社的有注释的版本。几天后，他和我说："没文化就冲动，像张飞，有文化了就能用计谋胜过别人，像诸葛亮那样。"

我想他是看出了门道，我和他讲，你准备一下，给咱们班同学介绍一下《三国演义》。他准备了一周，最后竟弄出三个主题。

三国英雄谱：内容主要包括董卓、吕布、赵云、关羽等人的兵器、经历、基本战绩等；

智慧人物榜：内容主要包括诸葛亮、曹操、周瑜等人物的经典故事；

冲动人物榜：主要讲张飞的。

这件事情之后，剑南在班里的威信也建立起来了，他对自己有了信心，学习成绩提高很快。而且因为读书的时间多了，讲话、乱跑的时候

就少了。

案例分析

对于剑南的教育，案例中的老师采取了表扬的方式，淡化了他是差生的意识。这位老师和剑南谈话时，也有意做成无意为之的样子，尽量做到教育无痕。

只要学生惹了事就无情地批判或处分，对孩子的成长是不利的．剑南是有点顽皮、爱动，但如果不是他故意的破坏行为，属于无意为之，说清楚也就是了。当然应负的责任，还是要承担的，那也是对他的一个教育。

造成学生某些行为的原因可能有多方面的，老师不应就事论事，单方面看问题，要多角度，多层次地看。不应把事情都泛化为道德问题。习惯可以慢慢培养，学生的性格不应强求改变，否则可能导致学生的性格扭曲。

学生在成长的过程中，需要老师具体的引导，尤其是他们的读书生活。我们一再抱怨学生不读书，其实学生也想读书，只是不知道该读些什么书，怎样去读。所以，我们应用宽容的态度给学生留下成长的空间，我们更应去开拓他们精神成长的空间。

经典案例

在课堂上我努力营造一种宽松的氛围，使学生能更好地进行创编活动。上《粉刷匠》这一课时，我让学生自己为歌曲配动作，想不到学生编得还真不错。我选出了一位特别好的学生，让她当小老师来教给其他同学，孩子们学得很认真、很开心，学生的思维得到了发展，同时，也增加了学生的学习积极性，尤其是那位当小老师的学生，脸上洋溢着灿烂的笑容。我相信，在以后的音乐课上，她会更加投入地学习，会编出更好的动作。

教师只有正确树立学生主体地位，给学生一个"心理自由"的氛围，一个自我表现的空间，才能激发学生潜在的创造力、想象力，使他们成为学习的主人。

案例分析

让学生学会解决一个问题的能力远远要比让他们去牢记 100 个问题的答案来得重要。在课堂中教师当然要传授知识，但更重要的是通过知识的传授去激发学生的主动性、自主性和创造性。要做到这些，教师必须千方百计地拓宽孩子自主学习的时间和空间，把学习的主动权还给孩子本身。案例中这位音乐教师在教《粉刷匠》这节课时，充分认识到了低年级学生好动这一特点，根据这一特点，老师安排了让学生自己为歌曲配动作，并且还选了特别好的学生，让她当小老师来教其他同学，这样的课堂教学显得很"活"，打破了传统的老师讲，学生听的"满堂灌"和"填鸭式"的教学模式，充分体现了"学生为主体，教师为主导"的教学理念，同时也激发了学生潜在的创造力、想象力，使他们能够真正地成为学习的主人。此过程的设计不论是在激发学生参与学习活动的兴趣，还是在巩固前面整理过的知识点上，都是非常有效的。

经典案例

撕纸是孩子的天性，也是他们最喜欢的游戏，听着撕纸的声音，看着撕得宽宽窄窄、不成样子的纸条、纸片，他们觉得是一种莫名的享受。因此在讲"撕纸游戏"一课时，我力求找回他们幼时的乐趣，还学生们一个自由空间，让他们插上想象的翅膀，在老师的引导下，展翅翱翔，享受撕纸带来的乐趣。

上课铃响后，我穿着纸做的衣服走进课堂，同学们都惊喜地叫起

合作联盟篇

来："好漂亮呀。"这时，我抓住时机问同学们："老师今天有什么特别之处呀？""您穿的衣服是纸做的。"同学们都抢着回答。接着，我把纸衣服给一名同学穿上，说："你们看他头上还缺一顶帽子，老师再给他撕一顶帽子，你们说好吗？"大家都很赞同。"但是，老师不知道做一个什么样子的，谁来设计一顶？"一个同学说："老师，您撕一个小白兔样子的，长长的耳朵多好看。"

于是，我照着那同学说的撕出一个小白兔帽子，给同学戴在头上。这时，我便问："老师撕的时候，谁看清了我是怎么撕的？"同学们便你一言我一语地议论着。

"老师您的两只手挨的很近，撕的宽窄都差不多。""对了，同学们观察得很仔细，撕纸是我们最爱玩的游戏，你们用手里的纸像老师这样撕一撕，看看有什么感觉。"大家都尝试起来。接着，我提出要求："今天，我们不能像以前那样撕着玩了，老师想让每位同学当小小设计师，分组比赛，每组选一名'模特'，其他同学给他做衣服，但是，你们不能用剪刀，看哪一组设计得既新颖又大方。"命令一下，同学们都行动起来，各种报纸、彩纸、挂历纸都派上了用场。大家分头讨论，各自出谋划策，作自家打算。课堂非常活跃，每个人边做边想，紧张而不忙乱。从头饰到衣服每组都有自己的特点，有的头饰做成小动物形状，有的撕成假发，还有的撕成高高的厨师帽。衣服就更是丰富多样，民族式的、戏服式的、裙式的等。有的还配上了小书包、小手套，颜色鲜艳，美丽极了。最后，"模特"们还进行了表演，纷纷展示了自己的作品。

通过小组合作，给同学们创造了一个平等竞争的氛围，还同学以时间和空间，让其在开放的课堂中实践、创新，获得了成就的机会和体验，享受到了创造的乐趣。

下课了，同学们穿着自己做的特殊服装在校园里游戏，其他的同学都投来新奇而羡慕的目光，大家每个人的脸上都露出了自豪的喜悦⋯⋯

案例分析

全课以"撕纸"为主线，使知识、技能、情感态度与价值观等目标的实现达到了比较理想的程度，全课营造的学习氛围比较轻松活泼。在课堂上，这位教师让学生自主参与学习活动，给他们创造时机，营造自由学习的空间，给孩子更多的自由活动和想象空间，去发挥自己的特长，表现自己的个性，这位教师抓住学生喜爱撕纸的天性，首先，穿上自己撕的衣服进入课堂，激起学生的好奇心，让学生也产生要自己撕纸来帮自己做衣服的欲望，然后教师在学生的撕纸过程中作适当的示范和指导，让学生撕出各种各样类型的帽子、衣服等，并且在最后让学生作为"模特"进行表演，展示自己的作品，这样的教学过程让学生自己动手。通过小组合作，给同学们创造了一个平等竞争的氛围，让其在开放的课堂中实践创新，获得了成就的机会和体验，享受到了创造的乐趣。

自由是人们普遍追求和向往的一种权利，是一种免于恐惧、免于奴役、免于伤害和满足自身欲望、实现自我价值的一种舒适和谐的心理状态。因此，优秀的教师应该给予并保障学生的这种权利，留给学生足够的空间，让学生充分展示自己。

合作联盟篇

2．消除学生的嫉妒心理

　　嫉妒是指人们为竞争一定的权益，对相应的幸运者或潜在的幸运者怀有的一种冷漠、贬低、排斥、甚至是敌视的心理状态。嫉妒俗称为"红眼病"、"吃醋"、"吃不到葡萄说葡萄酸"等。嫉妒是与他人比较，发现自己在才能、名誉、地位或境遇等方面不如别人而产生的一种由羞愧、愤怒、怨恨等组成的复杂的情绪状态。

　　嫉妒是一种与生俱来的心理，每个人身上或多或少都会存在这种情绪。学生时期正是争强好胜的性格特点比较突出的时期。学生因为希望比他人强而出现的竞争行为是一种正常的心理，适当的嫉妒、竞争，还能成为他们进步、成长的动力。但对于不正当的嫉妒心理，老师应该及时处理，尽量减少学生之间的矛盾，帮助学生健康成长。

经典案例

　　辽宁省辽河油田第一高中的优秀教师王旭飞就曾经碰上过一个嫉妒情绪比较严重的学生。

　　姜涵是高二的学生，成绩优秀，在班里担任班长。有一次王老师主持班会，重新改选班委。在投票选举班长的时候，姜涵本以为自己还会连任班长。谁知道竟没有几个同学投她的票，最后班长由一位票数最多的同学孔然担任了。

　　姜涵当时很不高兴，把脸拉得长长的。王老师看见了以后知道姜涵很不服气，准备课下再开解她。可过了一会儿，姜涵举手称病，说自己不舒服，要请假回寝室。王老师知道姜涵不舒服是假的，心情不好才是真的，可王老师也没有说什么，就让姜涵回寝室了。

谁也没有想到，姜涵回到寝室后越想越生气，越想越嫉妒孔然，她翻出孔然的一条白裙子扔到地上，在上面又踩又踏，觉得还不解气，又用剪刀把裙子剪成一条一条的。

这件事发生以后，许多同学和老师都感到震惊和不解，他们不理解一个成绩优秀、工作能力突出的学生怎么会做出这种事来。

王老师却知道，这完全是姜涵的嫉妒情绪在作祟，如果不及时疏导，恐怕会有更严重的后果。王老师决定找姜涵进行一次恳谈，但是如果直奔主题揭其伤疤，恐怕会引起她的过激反应导致谈话失败。于是王老师找到姜涵后先对这个问题避而不谈，而是和她共同观看了一则"高中某学生用硫酸泼同学致残被判死刑"的访谈节目，然后王老师和姜涵交流了看法。

姜涵问王老师："王老师，您该不会认为我和那个高中生一样吧？"

王老师坚定地摇摇头，说："不，你们俩不一样！你是个聪明孩子，聪明人绝对不会办糊涂事。"

话音未落，姜涵低头说了一句："我已经办了一件糊涂事了。我，我嫉妒孔然。"

说完这句话，姜涵像松了一口气。王老师引导姜涵分析了自己的心态，并让她认识到这件事都是嫉妒情绪在捣鬼，如果任其发展下去，就会出现像那个高中生一样的悲剧；而如果能正确认识，结果就完全不一样了。

最重要的是，王老师告诉姜涵，她生活在一个集体中，任何人都不能脱离集体而存在，别人的进步并不是跟自己没有关系的，而是和自己息息相关的。

如果别人的成绩都不好，别人的能力都很差，她生活在这样的集体里又怎么能进步呢？只有所有同学都进步了，都是优秀的，才更能体现出她的价值。王老师还引导姜涵认识到，要想更多地体现自己的价值，

就要帮助其他同学进步，这样可以形成良好的互动氛围，自己也能在这种氛围中获得更多的能力，变得更加优秀。

通过王老师的疏导，姜涵深刻地认识到了嫉妒情绪的危害，也在头脑中树立了和同学友好交往的观念。从那以后，姜涵经常在紧张的学习之余主动找同学谈心，跟同学们一起讨论问题，还主动帮学习差的同学补习功课。更难能可贵的是，姜涵还经常虚心地向别的同学请教问题，向别人学习，因为姜涵深深地记住了王老师的话——只有整个集体都优秀了，自己才能更优秀！

案例分析

从案例中我们可以看出，姜涵是一个嫉妒心很强的学生，在自己的愿望没有实现后，趁机"报复"孔然，面对这种情况，王老师没有批评姜涵，没有严厉地指责她，而是采用了另外一种方法——观看类似的访谈节目，使姜涵在节目中看到了自己的影子，认识到了自己的错误，并诚恳地、积极地改正错误。

每个人都会有嫉妒心理，老师要懂得学生的这种心理，妥善处理学生之间的矛盾，平复学生的不平衡心理，让学生健康、快乐地成长，打造和谐、愉悦的班级和课堂。

3. 让学生在互助合作中共同进步

合作学习是指学生为了完成共同的任务，有明确的责任分工的互助性学习。它鼓励学生为集体的利益和个人的利益而一起工作，在完成共同任务的过程中实现自己的理想。

有句俗语说："单丝不成线，独木不成林"。合作学习将个人之间的竞争转化为小组之间的竞争，有助于培养学生合作的精神和竞争的意识；有助于因材施教，可以弥补一个教师难以面向有差异的众多学生教学的不足，从而真正实现使每个学生都得到发展的目标。此外，在合作学习中由于有学习者的积极参与，高密度的交互作用和积极的自我概念，使教学过程远远不只是一个认知的过程，同时还是一个交往与审美的过程。

有个外国老太来中国，她找了几个中国孩子，让他们做一个游戏，她把几个拴着细线的小球放进一个瓶子里，瓶口很小，一次只能容纳一个小球通过。她说："这是一个火灾现场，每个人只有逃出瓶子才能活下去。"她让每个孩子拿一根细线，时间开始了，只见几个孩子从小到大，依次把小球取出来了。老太很惊讶，她在许多国家做过这个实验，但是没有一个成功过，那些孩子无一例外地都争先恐后地把细线拼命往上拉，导致最后一堆小球堵在瓶口。可见，这就是合作的力量啊！

在合作学习过程中，教师和每个学生之间的差异能得到承认，其潜能能得到充分的发挥；有助于张扬个性和满足学生的需要，给予学生强烈的自尊心、自信心，充分调动学生的学习积极性，让更多的学生取得好成绩；合作学习活动能使学生体会到相互间的关心和帮助，使师生在

多维互动、相互砥砺、取长补短的过程中达到在和谐中进取的境界。此外，合作学习不只是一个认知的过程，同时还是一个交往与审美的过程。它有助于因材施教，培养学生的合作精神和竞争态度。

经典案例

周婷婷的左耳丧失听力，右耳的听力也不到正常人的 5%。王峥的双目视力则接近于零。1996 年她们先后被保送到辽宁师范大学教育系学习，然后就有了"联合舰队"的故事。以下是她们的自述。

周婷婷：上大学后，能遇到王峥是我最大的幸运。全班 33 名同学中，只有我和她是特殊保送的残疾学生。尽管老师和同学对我们关心得无微不至，但是在同学们开心地聊天时，只有王峥最埋解我内心的孤寂。同样，当别人为迷人的风景陶醉时，只有我知道为什么唯独王峥神情淡漠。相同的命运和遭遇使我们的心更加贴近了："我要让她看到我看到的一切。"而王峥说："我要让她听到我听到的一切。"我们一起在校园里散步，我把我看到的景物描述给她听，她也把她听到的声音全都告诉我。王峥和我心中有着同一个偶像，那就是美国女作家海伦·凯勒。我对王峥说："我们来做中国的海伦·凯勒吧。"王峥激动不已，一连在纸上画了四五个惊叹号，她在上面写着："好啊，那我们就叫'海伦·凯勒联合舰队'吧！"

王峥：学习中我最头疼的是抄课堂笔记。因为黑板上的字我根本看不见，老师讲话又太快，我写大字就好像"老牛拉车"，怎么跟也跟不上。婷婷对我说："别着急，我来帮你。"于是我上课时就不再担心抄笔记，只是聚精会神地听课，努力地领悟老师所讲的精华。

晚上，婷婷把她的笔记念给我听或录成磁带，同时我也为她讲述课上老师指出的重点难点。婷婷高兴地说："平时上课我顶多听懂 20%，现在有了你，我全懂了！"我也笑着说："那以后听课的任务就交给我了。"她拍拍胸脯说："好，那抄笔记的事我全包了！"

周婷婷：因为我和王峥有视听障碍，所以学校对我们的英语不作要求，但我们都不愿意放弃学外语。王峥视力太差，英语书上的小字她一点也看不见，上课就像听天书，课后也没法复习，为此她苦恼极了。于是我就把书上的内容（包括单词、课文、练习）读给王峥听，同时她也帮我纠正发音。之前很少有人能听懂我说的英语，但现在很多人都能听懂我说的英语了。

王峥：我和婷婷成了形影不离的好朋友。我们一起上课，一起吃饭，一起外出。走在街上，如果前面有沟沟坎坎，婷婷就会提醒我当心；如果身后有疾驰而来的车，我也同样会把婷婷拉到安全的地方。

婷婷从来没有听过音乐，也无法体验音乐的美妙。我给婷婷讲歌与曲的区别，让她了解什么是节奏，帮助她用心去感受音乐的美。当婷婷终于唱出了《世上只有妈妈好》时，她激动得满脸泪花。

周婷婷：有时候同学被一个笑话笑得前仰后合，而我还不知所以然时，王峥就一遍遍地讲给我听。最后这个笑话对她来说都成了"白开水"了，我才哈哈大笑起来。王峥把这称为"迟来的笑"。

王峥：艰难的求学经历使我变得很抑郁，总是把事情想得太坏、太糟，是婷婷教我学会了保持良好的心态，使我变得开朗、轻松、快乐。

周婷婷、王峥：如果有可能，我们想出国深造，学成后为中国的特殊教育贡献力量。于是我们以海伦·凯勒为名组成了"联合舰队"。这一年多来，我们深深感到"联合舰队"的强大力量，这就是合作的力量。

案例分析

周婷婷和王峥都是残疾学生，如果她们各自生活在自己的一角，她们要么无法听到各种各样声音，要么无法看见千姿百态的美丽世界，但是她们互相学习、互相帮助，使她们的生活变得完整、完美，并共同给我们诠释了"团结就是力量"的伟大真谛。她们的合作精神值得大家学习，也赢得了大家的赞叹。

　　残疾学生尚且懂得团结合作的道理，其他的学生更应该如此。因此，这就要求我们老师不断引导、培养学生的这种团结合作的精神，让学生在互助互爱中领略集体的力量，获得知识，并不断成长。

　　《吕氏春秋》中有一句话"万人操弓，共射一招，招无不中"，这告诉了我们同样的道理：合作的力量远远大于孤军奋战。合作学习使学生之间建立了积极的相互依赖的关系。所有的小组成员通过一个共同目标紧密地联系起来，每个成员都承担了一定责任，成员之间面对面的接触，以不断加深了解的方式进行交谈，非常亲近。不管有没有天赋，他们都能够昂首挺胸，大胆发表意见，显得自信，无忧无虑，他们相信自己，视自己为有价值的人，值得尊敬的人。整个学习过程，学生们都在积极主动地忙碌着、参与着，自愿学习，没有被逼迫的感觉；整个学习过程都是通过学生互相发言、互相鼓励、互相帮助、互相理解、耐心聆听、积极探讨来完成的。因此成功的合作不但培养了学生人际交往技能，使学生学会交往、学会参与、学会倾听、学会尊重他人，而且还培养了学生的团队精神。

4. 与同事合作，事半功倍

有这样一则故事：从前，有一个幸运的人被上帝带去参观天堂和地狱。他们首先来到地狱，只见一群人，围着一个大锅肉汤，但这些人看来都瘦骨嶙峋、饥饿、绝望。仔细一看，每个人都拿着一只可以够到锅子的汤匙，但汤匙的柄比他们的手臂长，所以没法把东西送进嘴里。因此，他们看上去非常悲苦。紧接着，上帝带他进入另一个地方。这个地方和先前的地方完全一样：一锅汤、一群人、一样的长柄汤匙。但每个人都很快乐，吃得也很愉快。上帝告诉他，这就是天堂。这位参观者很迷惑：为什么情况相同的两个地方，结果却大不相同呢？最后，经过仔细观察，他终于找出了答案：原来，在地狱里的每个人都想着自己舀肉汤；而在天堂里的每一个人都在用汤匙喂对面的另一个人。结果，在地狱里的人都饥饿难耐、骨瘦如柴，而在天堂的人却面色红润、心广体胖。

这则故事告诉我们，无论做什么事情都要学会合作。个人的力量永远是有限的，而集体的力量则是无穷大的。与其闭门造车，不如共同进步。这也正如歌德所说，"不管努力的目标是什么，不管他干什么，他单枪匹马总是没有力量的。合作永远是一切善良思想的人的最高需要"。我们的成功，没有完全属于自己的，因为我们是社会人，每天不可避免地通过各种渠道、各种方式，接触到众多的伙伴、朋友和同事。这个时候，团队就起到不可忽视的作用，我们不可能完全脱离别人而单独完成一项工作。佛教创始人释迦牟尼曾问他的弟子："一滴水怎样才能不干涸？"他的弟子们面面相觑，无法回答。释迦牟尼说："把他放

到大海里。"一滴水如果不放到大海里,始终都会干涸,那么一个人又怎样呢?一个人就好像存在于社会中的一滴水,如果不懂得寻找一片大海,那他就像一滴水一样,迟早也会"干涸"。

同样的道理,对于我们教师,要想教出好成绩,成为一名不会"干涸"的教师,就得借助团队的力量。

教师之间需要交流与合作,因为我们每个人都有各自不同的思维假定和观念,通过交流与合作,我们可以以开放的心态参与其中来分享教育的心得,萌生新的理解和共识。具体来说,交流与合作可以成为教师个体、群体教育思想呈现的平台,教师可以融入其中充分发表自己的观点;也可以成为教师个体、群体思想互动的平台,在相互沟通、学习的过程中,进行思想的交融与创新;还可以成为教师群体之间共同实践、共同成长的平台,让教师教出好学生的同时,自己也不断成长、成熟与进步。

经典案例

重庆市大渡口区育才小学语文中段教研组在一次集体备课中,对一位教师的教学设计进行分析、探讨,大家根据自己的理念和对课标、教材的解读提出了自己的观点和看法。

在思维的碰撞中,发现了本年段教学该怎样重视并加以读写训练这个教学问题。学校陈宏副校长马上意识到应该抓住这个机遇,让老师们尝试着去研究,并搭建一个舞台让敢于尝试的教师来展示。想想以往总是一位教师在多个班试讲,这样做,只是让一位教师在当主角而磨炼,如何让敢于尝试的教师都成为"主角"?在大家的建议下,确定了以《给予树》为课例,结合《以读促写,读写结合》的小课题研究,由教研组内几位教师先后执行这个教学内容,合作进行研究。当第一位教师按照集体讨论的方案试教后,除执教者的反思外,大家不断回放录制下来的课堂教学,对设计的细节、教学环节做进一步的完善。接着,再由另一位教师实践改进的教学设计，再反思。在研究过程中，还请来教研员、名师等实施专家引领，并在专家指导下进一步改进教学设计。

通过集体讨论以及个人的不断反思，成功地改进了教学设计。一次次实践改进的教学设计，初步形成了"反思——行为跟进"的教研模式。"反思——行为跟进"的教研过程让同年级的教师在同一课的教学中合作磨炼，写出的教学反思具有一定的深度，不论是上课还是写作，都感觉是一次质的飞跃！老师各自看到自己的成长，也都有了进取的动力。大家都感慨万千，觉得这样的合作非常有效，它不仅能促使教师专业化成长，还有助于教师其他能力的挖掘、提高。

案例分析

案例中的校长给教师创造了一个合作学习的机会，教师在合作交流中，取人之长，补己之短，互相学习，共同取得了进步。

如今的社会分工越来越细，因此，无论你从事什么工作，处于什么环境，都无法脱离其他人对你的支持而独自一个人完成所有的事情，这就需要与别人的合作。如今是崇尚个性的时代，同时也是合作必不可少的时代。特别是教育，教育是一门有过失的艺术，又是一门追求完美的艺术，它需要教师在合作中不断弥补自身的缺点和不足，努力达到教育的完美境界。

合作联盟篇

5. 让家长成为你的教育伙伴

家长是一种非常特殊的教育资源，是学校教育工作的重要合作伙伴。可以说，家长是孩子的"第一老师"、"启蒙老师"，是教师的隐形合作伙伴。

教师要想教出好成绩，就必须和学生父母们达成教育的理解，得到家长们的支持和帮助。有人说，教师与家长的关系很微妙，而且笔者也看到不止一例家长抱怨老师不为孩子着想，老师抱怨家长"只会生不会养"（不负责任）的，其实出现这种状况的一个最大原因就是互相之间因为缺乏交流而缺乏理解，进而造成矛盾。于是，我们大家都想到了或者都看到了教育中与家长合作的重要性。

当然，要想得到家长们的信任和支持，教师们就得学会和学生家长进行良好的沟通。而良好的沟通不仅使别人一听就懂，而且还深入人心，拨开教育迷雾，引发共鸣。教师被称作打开孩子心智之门的天使，那么首先自己要有开放探询的心态、敞开的心灵。古人云"推心置腹"、"设身处地"，或许这正是大多数教师与家长沟通所缺乏的一种心态。所以，优秀的教师不仅仅要与家长在浅层次上沟通，同时也应当非常重视与家长之间的心灵上的沟通，共同培养孩子，使我们的教育至善至美。

经典案例

北京市昌平区南口学校的优秀教师程现新曾经教过一个叫小叶的学

生。小叶为人开朗、热情，老师和同学们都很喜欢她。她的学习成绩也很好，在班上一直名列前茅。可就在临近期末考试的时候，程老师忽然发现小叶有些变了，上课的时候总是一副心不在焉、心事重重的样子，经常走神、发呆，不知道在想些什么。

期末考试的成绩下来，小叶的成绩虽然足以评上三好学生，可是和以前的成绩比起来却相去甚远。这一切都表明，小叶肯定在某些地方出了问题。

新学期刚开始，程老师就找小叶谈心，问她上学期期末成绩为什么下降。小叶这才说出了原因：在期末考试前，小叶的妈妈因为工作关系得罪了领导，但是却发现小叶的爸爸和这个领导来往密切，关系很近。小叶的妈妈因为这件事和丈夫吵了起来，两个人互不相让，整天争吵、打架，甚至闹到要离婚的地步。小叶和其他的亲戚怎么劝说也没有用。小叶就在这样的环境下学习、生活了几个月，承受着巨大的精神压力，情绪也一直不好，所以才会出现上课精神不集中、期末考试成绩下滑的现象。

程老师得知后，找到年级组长吕老师多次讨论这个问题，最终他们决定，要去小叶的家里拜访一次。

家访那天晚上，小叶的爸爸在半路迎接两位老师。一进门，小叶的妈妈就热情接待，可以看出，他们对小叶很是关心。两位老师简单地参观了小叶的家。这个家简洁、干净，小叶自己单独住一个房间，里面书柜、写字台等一应俱全。这说明小叶的父母为女儿提供了一个很好的学习环境，也透露出他们对女儿的期待。

程老师和吕老师落座后，很自然地谈到了小叶的学习。他们介绍了小叶在学校的优秀表现，对她的优点进行了充分肯定，还表示了老师们对她前途的美好期望，并旁敲侧击地暗示，希望小叶能一直保持并超越自己的成绩，不要被其他的事情干扰。

家访在融洽的气氛中结束了。在整个过程中，小叶的父母都表示要配合学校，为小叶营造一个良好、和谐的家庭氛围。

家访的第二天，程老师就发现小叶似乎有了一点变化，心情好像一下子轻松了。随着时间的推移，小叶的性格又变得开朗起来，学习也勤奋了。在接下来的每次考试中，小叶的成绩又重新排在了班级前列，并被评为市三好学生。

后来程老师又找了个机会与小叶谈心。小叶告诉老师，自从那次家访后，父母就不再吵架、打架了，也不再闹离婚了，家里已经恢复了往日的宁静。

案例分析

学生因为家庭原因而产生负面情绪时，主要表现为心神不宁、上课时注意力分散。当老师询问时他们又不愿意吐露实情，这是因为他们不愿向外人谈及家里不好的事情。

老师在管理学生来自家庭的负面情绪时，最主要的方法就是要和学生的家长建立起协调的机制，在老师、学生、家长三方之间架设好沟通的桥梁，让家长主动配合，为学生营造一个良好的学习氛围。

家庭是学生除了校园以外最重要的"学校"。一般情况下，学生在家庭的时间要比在学校长，所受的影响也比学校广泛、全面。然而，并不是每一个家庭都是美满幸福的。来自家庭内部的矛盾，总在干扰着心理尚未成熟的孩子，使他们的情绪产生波动。如果教师能在与家长的沟通中，触动其心弦，得到其支持，就能有利于自己的教育教学研究，探询教育规律，摸索出适合于自己的教学经验，形成独特的教学风格，从而更有利于教出好成绩。

每个学生的家庭环境都是不同的，他们难免受到来自家庭的影响。当他们因为家庭原因而产生负面情绪以致影响学习时，老师要及时引导，争取得到家长的配合，建立起协调机制，共同为学生的成长做出努力！

6. 学习借鉴"积极教育"

目前国外一些学校倡导"积极教育",有很多值得借鉴的地方。积极教育被定义为传统技能和幸福教育。为什么应该在学校开展积极教育?美国学者认为,学校中的学生普遍存在抑郁症状,提升甚微的幸福感以及幸福教育可以促进传统教育。

在物质日益丰富,精神产品也日益丰富的今天,人们的生活质量大大提高,但生活满足感却没有大幅度提升。在世界范围内,年轻人普遍存在着抑郁症状。在这种情形下,人们需要学习寻找快乐的技能,这种技能可以帮助人们提高韧性、产生乐观情绪、愿意积极参与事情。美国积极心理学家们认为,这种技能在进入社会前就应该被教授,显然,学校应该承担起这种积极教育的责任。

积极教育重视学生的心理健康,不是把目光聚焦在那些出了问题的地方,而是让孩子们用积极的心态来对待心理现象,激发他们潜在的积极品质和积极力量,从而使每个孩子都能顺利地走向属于自己的幸福彼岸。这是一种教会学生自己寻找幸福的能力。

许多心理学家认为,幸福是可以学习的。一名心理学家用心理测试证明自己的观点,她在会场上指着幕布最右侧的一个字让大家凝视 3 秒钟。

3 秒钟后,她让大家说出整个幕布最下端到底有什么图案,结果注意力都在最右侧字上的观众无人能答。"当一个人过分关注自己不幸福的点,就会忽视其他很幸福的东西。"她解释说。

心理学家认为,积极教育,或者说幸福教育要从中小学开始,在校

园、课堂中要引导孩子避免过多关注不幸福的事情，感受更多的积极情绪；培养孩子亲和、智慧、谦逊等人格特征；营造民主、公平、互助、温暖的校园、班级、课堂氛围，让孩子知道，不是成功的人才幸福，而是幸福的人才成功。

在美国，6～17岁的孩子一般每星期要花上30～35个小时在学校里。因此，学生之间，学生与老师之间的日常交流和相互影响对学生的幸福感有很大影响，这正是"幸福教育计划"的重要目标。在学校，虽然学生的主要任务是学习知识，但大多数父母和教育学者也应该把幸福教育和性格教育看作是学校教育的重要方面——即使不是核心。

在美国，多数学校已经或多或少地开展了这项工作。近些年来，美国学校关于这一前景的共识有了很大的提高。教育学者们认为，"幸福教育计划"可以：第一，提高被大多数或者全部家长认可的技能和能力；第二，可以在学生健康和行为方面产生显而易见的改善；第三，有助于学生积极主动地投入到学习和成就中。

美国积极教育研究小组花了近15年的时间，运用严密的研究方法进行了调查，研究幸福是否应该教授给学校的学生。他们坚信"幸福教育计划"与药物干预一样，必须以证据为根本，因此实验了两种截然不同的计划，Penn Resiliency Program（PRP，宾夕法尼亚韧性项目）和Strath Haven积极心理学必修课。

其中，积极心理学必修课是第一个以实验为根据的青少年积极心理课程的研究。

积极心理学必修课的主要目的是：帮助学生认识到自己的标志性优秀品质（如友善、勇敢、智慧、毅力），增加学生对这种能力在日常生活中的应用。同时也希望提高学生韧性、积极情感与对自身目标和意义的认识。

在美国教育部的资助下，研究小组完成了对学校积极心理课程的随机控制的评价。实验随机分配347名9年级的学生到语言艺术班，其中包括积极心理学课程组（积极心理学干预组）和无积极心理学课程组

（可控组）。学生、家长和教师在实验前要完成标准的问卷调查，实验完成后，还要接受两年的随访。问卷评估学生的社会技能、行为问题和在校的快乐感，此外，还要检查学生的等级。课程总计大约 20～25 次课，每次 80 分钟，授课于 9 年级的学生。大多数课涉及优秀品质的讨论（或者其他积极心理学概念和技能），还涉及课堂的活动，这是可以鼓励学生在个人生活中应用概念和技能的实践家庭作业，以及以后进行反思。

研究结果表明，积极心理课程增加了学生校园生活的快乐感和充实感，使他们投入学习，享受校园生活并取得成就。教师反映，研究实验改善了学生学习和掌握知识的能力（如好奇心，对学习的热爱，创造力）。这些研究结果是非常可信的，因为进行评价的教师，他们本人并不进行积极心理学课程的授课，也不知道学生参加的是实验组还是空白对照组。非常重要的是，增加寻找幸福感的技能并不与传统的课堂教育相互抵触，而是在促进传统教育。

美国宾西法尼亚大学积极心理学中心一直在培训美国和英国的教师掌握积极教育的技能。这种培训尚处于早期阶段，可以将它分为三个部分：传授积极教育、嵌入积极教育和生活积极教育。

1. 传授积极教育

这是传授积极教育的独立课程。

课程传授积极心理的元素：如优秀品质、韧性、感恩之心、力量、生活意义、投入、积极的人际关系和情感，即传授幸福的内容和技巧。

优秀品质课程。第一堂课，学生要写下他们处于最佳状态时的故事。几乎每个学生在他们的故事中都发现自己两个以上的优秀品质，大部分甚至发现 3 个。优秀品质课程还可包括采访家庭成员以发现优秀品质的"家族史"，学习如何使用这些能力来战胜挑战，开发不在个人优秀品质前五名的能力。

最后一堂课，学生们共同推选他们认为是各个优秀品质典范的校园领袖（学生或者老师）。这个共同认可和开发能力的过程，使老师和学

生有了一种共同的语言来讨论他们的生活。

积极情绪课程。学生给家长写感恩信，学会如何品味美好记忆，如何克服消极偏见，如何对给予者感恩。在祝福日记中，学生晚上可以回想白天的美景。

韧性课程。在这一课程中，学生们学习处理经常面对的"盛怒"逆境。

2. 嵌入积极教育

独立课程侧重教授幸福的内容和技巧，但积极教育不仅仅是简单的独立课程。可以将积极教育嵌入大部分的课程中，还可以是运动场上、校外活动中。

以下是课堂示例：

英语老师讨论小说中的标志性优秀品质和韧性。尽管《麦克白》是一个相当抑郁的读物，老师可以引导学生们讨论主要人物的力量，以及这些品质好的一面和坏的一面。在讨论阿瑟·米勒的《推销员之死》和卡夫卡的《变形记》中人物面对的挫折时，老师可以用韧性的概念来解释人物形象。

地理老师让学生考虑怎样衡量一个国家的幸福指数，以及从澳大利亚到伊朗再到印度尼西亚的幸福标准也许是不一样的。还可以研究一个地方的自然地理对幸福有何影响。

语文老师让学生分析日本、中国和法国民间传说中的人物的优秀品质。

音乐老师用韧性方法从频繁的演奏失败的经历中建构乐观。

3. 生活积极教育

当学生到学校面对教师时，教师可以问，"孩子们，昨晚过得怎么样？"孩子们会乐于分享他们简短的事情，比如"我昨晚吃了我最喜欢吃的苹果派"或者"昨晚和哥哥打球我赢了"。如果孩子每天以思考昨天有什么好的事情开始新的一天，他就是生活在积极教育里面。生活因为这个"好的开头"而提高质量了，生活得更好了，学生们会更热心去学习，通过学习并使用不求报答的做好事的技巧，而得到了助人为乐的经历。

这些零散的例子说明积极教育，无论是传授、嵌入还是在生活中，都会使学校的教师和学生的心态及生活发生变化。

对于学校的学生，教育的目的一直围绕如何考取更高的成绩，如何成才，如何具备从事成人工作的技能。但是，学校教授学生如何才能幸福同样很重要。这就是美国积极学家倡导的积极教育。

合作联盟篇

自身修炼篇

　　前面的章节着重谈了教师在课堂上对学生情绪的调控，对课堂气氛的把握，教师要善于激发学生学习的积极性和主动性，使他们健康茁壮地成长。

　　另一方面，教师必须学会驾驭情绪，管理情绪，尽可能地减小情绪对学生的不良影响。教师情绪的好坏会直接影响学生。教师情绪饱满、乐观向上，则会让学生学得有兴趣、有成效；而教师情绪低落、态度冷漠，则会导致学生因厌恶老师而对学习毫无兴趣，甚至厌恶学习，课堂秩序、效果因此也会陷入糟糕的境地。此外，教师要不断学习、不断丰富自己、充实自己，紧跟时代的步伐，让自己在竞争日益激烈的社会中永远立于不败之地。

　　本章将重点谈及教师情绪的自我管理和自身修炼。

1. 做情绪的主人

　　课堂教学是教师进行教学活动的认知对象，影响课堂教学的重要因素之一是教师的教学情绪。教学情绪在课堂教学中伴随教学行为而产生，是教师对待教学内容、教育对象、教育方式和教学效果的态度。教师的教学情绪引领着教学的进行与控制班级的气氛，决定着教学效果。课堂上，教师作为主导者，一言一行、一颦一笑都感染着学生的情绪，都能对学生起到潜移默化的作用。如果教师萎靡不振，带着疲惫神态走上讲台，就会使学生昏昏欲睡；如果情绪过于激动，不能自制，势必使学生不知所措，乱加猜测，以致分散学生的注意力。

　　中小学教育的对象大多处于未成年阶段，具有好奇心、模仿性、易受影响的特点，中小学阶段是健康的心理和不同类型的性格形成的关键时期，教师的言谈举止会影响到学生的心理健康、性格类型、理想选择和价值取向。因此，要培养学生成为一个情绪成熟、身心潜能充分发展的人，教师就必须在提高自己的知识能力的同时，搞好自身的情绪管理，最大限度地控制负向情绪、培养积极情绪，从而引导学生、感染学生。

　　但目前的现状是，教师群体的心理健康状况堪忧，教师群体存在明显的情绪衰竭现象。原因何在？

　　现代社会，人们身处多元化的文化和价值观念中，心理矛盾和冲突普遍存在。激烈的竞争使每个人都要面对来自工作、生活、学习和情感等方面的压力，难免使人们处于紧张、烦躁、焦虑的情绪之中。有人感慨地说，当今社会的人们正经历着一个前所未有的"情绪风暴"时期，

自身修炼篇

即人们长时间地处于情绪波动不安的应激状态。根据北京市对500名中小学教师的调查，近60%的教师觉得工作中烦恼多于快乐；70%的教师在课堂上有时忍不住要生气发火；较普遍存在着烦躁、忧郁等不良情绪，常常听到"一进教室就变得心情沉重"、"想起学生就觉得头痛"、"学校定的指标让人喘不过气来"、"管多了不是，管少了不行"等叹息。

中小学教师不良情绪的产生主要有以下两个方面原因：一是外部环境因素；二是教师自身因素。

从外部环境看，主要是职业压力。一项调查表明，有80%的教师需要心理减压。教师的压力主要来自几个方面：①学生主体性的增强，信息渠道多样化，使教师的权威地位受到挑战。②社会对教师的高要求、高期望与教师社会地位相对低下之间的差距。有人宣称"没有教不好的学生，只有不会教的老师"，这就把教育责任全部推到了教师的身上，使教师的成就感受到挫伤。③工作负荷过度。有的老师形象地说："我们每天两眼一睁，忙到熄灯，有时熄灯了也不敢合眼"，超负荷的工作使教师身心疲惫。④学生的分数与对教师繁杂的考核制度。教师在"分、分、分——学生的命根，考、考、考——教师的法宝"中挣扎。⑤师生、同事及与上司之间的人际关系。

从教师自身的因素看，主要有个性特点、角色认知、个人抱负水平以及对事件情景的主观判断等。往往在同样环境，面对同样的压力，不同的教师会有不同的情绪反应，这可能是因气质的不同所致，如胆汁质类型的教师易急躁、冲动，粘液质类型的教师则比较温和。情绪与认知如影随形，所谓"仁者见仁，智者见智"就是这个道理，巴尔扎克说："苦难对于一个天才是一块垫脚石，对于能干的人是一笔财富，对于弱者却是万丈深渊。"一般来说，职业认同感高的教师情绪稳定，具有宽厚博爱的胸怀、不卑不亢的态度，脸上常带微笑；反之则情绪不稳定，容易发脾气，使用语言暴力，甚至体罚学生。有的教师抱负水平过高，处处要成为"强者"，而能力又达不到，往往有挫折感。有的教师遇事多从消极面看，心理不阳光，受着"心烦"、"郁闷"的笼罩。可见，烦恼是自寻的，快乐是你选的。

所谓情绪的自我管理，不意味着教师不该有情绪发生，最主要的是教师要能够有效地掌控自己的情绪，做情绪的主人。那么，如何管理教师自身的情绪呢？主要从以下几方面努力：

1. 树立理想 坚定信念

对教师职业情绪影响最为显著的是教师崇高的职业理想，不断进步的教学观念。教师的职业是崇高的，是社会认可的，优秀的教师人才在全世界的范围内都是极其匮乏的。有了这样的想法，才会为做一名优秀的教师而加倍努力，有了信念就有了热情，饱满的精神状态才会呈现在课堂上，学生才会为你热情的鼓掌。

2. 不断提高自身情绪调控能力

美国心理学家认为共有五种能力构成了教师的情绪智力——了解自我、驾驭自我、自我激励、识别他人情绪、处理人际关系。作为人类灵魂的工程师，无论如何对自己的情绪都应该准确地察觉和了解，并很好地把握自己的情绪，使自己适合教师这个专业化的岗位。我们经常看见有些教师因为学生的顽皮或者说是不听话，而对学生的处理方式粗暴、鄙视甚至放弃，这样对学生来讲他失去了公正对待并受合理教育的机会，对教师来讲他就失去了教师这样崇高职业的专业特点。

3. 建立和谐的师生关系

师生关系处理的好坏直接关系到教学效果，关系到学生的心理健康和全面发展。只有释放所有的爱，做到时时关爱学生、事事关心学生，才能营造出和谐、愉悦的教育氛围。爱的阳光需要普照到每个角落，从情绪的角度讲，每一个教师面对教室里十几个学生，都有自己心中的"优等生"。平时只有那几个活跃、成绩好的学生备受关注，其他学生好像都被遗忘了。对于学生，教师应该一视同仁。不管他是优秀的学生，还是学习困难的学生；不管他是品学兼优，还是品行有问题，教师都应本着公平、公正、以人为本的原则，关爱每一个学生。尤其对

自身修炼篇

"有困难、有问题"的学生，教师更应该多倾注爱心，多用发现的目光寻找他们的闪光点，多用鼓舞的目光激励他们去追求，多用希望的目光期待他们完善自我。

需要特别指出的是，作为中小学教师，在自我情绪管理过程中应建立情绪疏导机制，克服消极不良情绪。中小学生是生理心理都尚不成熟的孩子，尤其是小学生的心理与行为具有极大的不稳定性，情绪的起伏与变化难以预测，喜怒哀乐来得快也去得快。高兴时手舞足蹈，生气时大哭大闹，友好时胜似亲人，愤恨时如遇仇敌等。这些大起大落的情绪变化很容易引起教师的情绪冲动，中小学教师受学生情绪影响而导致情绪失控的现象并不鲜见。

有关研究认为，如果教师不能建立对不良情绪的宣泄机制，不仅会影响自身的身心健康，还会影响到他教育、教学的输出能力，影响课堂教学质量，影响对学生的正确评价，影响师生间的人际关系等方面。

中小学教师要根据自身情绪特点，建立起合理而有效的宣泄机制，不能把自己的消极情绪带入教育过程，更不能把自己不良情绪带入对学生的评价中。教师要学会坦然面对负面情绪。面对愤怒的情绪，要提醒自己延缓行动，做一些能使自己平静与放松的事，待心平气和之后再作分析、处理。面对哀伤的情绪，退一步海阔天空，不妨借鉴一下阿Q的精神胜利法，自慰"人生不如意事是必然的"，则不会被哀伤的情绪所淹没。

对于如何宣泄不良情绪，下面介绍几种方法：

能量排泄法：对不良情绪所产生的能量可用各种办法加以调整。例如，当生气和愤怒时，可以到空旷的地方大喊几声，或者去参加一些重体力劳动，也可以进行比较剧烈的体育活动，跑两圈，扔几个铅球，把心理的能量转化为体力上的能力释放出去，气也就顺一些了。在过度痛苦和悲伤时，哭也不失为一种排解不良情绪的有效办法。

语言暗示法：当不良情绪要爆发或感到心中十分压抑的时候，可以通过语言的暗示作用来调整和放松心理上的紧张，使不良情绪得到缓解。当你将要发怒的时候，可以用语言来暗示自己："别做蠢事，发怒是无能的表现。发怒既伤自己，又伤别人，还于事无补。"这样的自我提醒，会使心情一些。

环境调节法：大自然的景色能开扩胸怀，愉悦身心，陶冶情操。到大自然中去走一走，对于调节人的心理活动有很好的效果，千万不要一个人关在屋子里生闷气。长期处于紧张工作状态的人，定期到大自然中去放松一下，对于保持身体健康，调节身心紧张大有益处。

请人疏导法：人的情绪受到压抑时，应把心中的苦恼倾诉出来，特别是性格内向的人，光靠自我控制、自我调节还远远不够，可以找一个亲人、好友或者可以信赖的人倾诉自己的苦恼，求得别人的帮助和指点，请旁观者指导一下，可能会豁然开朗、茅塞顿开。

自我激励法：自我激励是人们精神活动的动力之一，也是保持心理健康的一种方法。在遇到困难、挫折、打击、逆境、不幸而痛苦时，善于用坚定的信念、伟人的言行、生活中的榜样、生活哲理来安慰、激励自己，使自己产生同痛苦斗争的勇气和力量。

创造欢乐法：心绪不佳、烦恼苦闷的人，看周围一切都是黯淡的，看到高兴的事，也笑不起来。这时候，如果想办法让他高兴起来，笑起来，一切烦恼就会丢到九霄云外了。

自身修炼篇

2. 保持积极的心理

　　情绪有积极和消极之分，积极情绪有利于个人才智的发挥，有益于身心健康，而消极情绪则相反。

　　有这样一个故事：1965 年 9 月 7 日，世界台球冠军争夺赛在美国纽约举行。路易斯·福克斯的得分一路遥遥领先，只要再得几分就稳拿冠军。从这里我们可以看出他超人的水平与实力。就在这个时候，他发现一只苍蝇落在了主球上，他挥手将苍蝇赶走。可是当他俯身击球的时候，苍蝇又一次落到主球上，他在观众的笑声中再一次起身将苍蝇赶走。可是这只讨厌的苍蝇好像故意跟他做对似的，一次次跟他玩起了运动战。路易斯·福克斯的情绪恶劣到了极点，他终于失去理智，愤怒地用球杆去击打苍蝇，球杆碰动了主球，裁判判他击球，他因此失去了一轮机会。接下来路易斯·福克斯方寸大乱，连连失利，给了对手反败为胜的机会，对手获得了冠军。第二天，人们在河边发现了路易斯·福克斯的尸体！一只小小的苍蝇，竟然击倒了实力非凡的世界冠军！由此可见，一个人保持积极情绪，学会控制情绪是多么重要！

　　在课堂上，教师要培养自己的积极心理，同时也要以积极的心理看待学生。

　　自觉保持积极的情绪，就是强调人性中的积极方面，强调采取更加科学的方法来挖掘人的潜力与创造力，激发人的活力，树立自信心、坚定生活信念、寻求美好幸福的生活。

　　教师以积极的心理和情绪开展教学工作，有利于提高全体学生的心理素质，充分开发他们的潜能，培养学生乐观、向上的心理品质，促进学生人格的健全发展。以往，教师常常把学生当作"问题的来源"，常常以学生存在的问题当作教学工作的出发点与落脚点，采取的常常是先呈现问题，然后寻求解决问题的方法的教育模式，在面对个别学生的时候，更是以问题为把手，这样不仅造成了师生关系的对立，而且还导致了没有问题的学生开始注意自己的"问题"，促使学生养成关注自身消极层面，忽略自身积极品质培养的思维定势。

另一方面，教师应该认识到，教师和学生一样都是成长的、发展的个体，不再是教育与被教育的关系，这是一种新型的师生关系：教师不仅是心理健康教育工作的主体，可以积极地影响学生，同时也是心理健康教育的客体，受学生积极心理的影响。教师不仅要以积极的态度看待发展中的学生，重视学生自我成长的经验、流畅的思维和情感，培养学生的积极心理，还要善于从环境中寻找积极的因素，培养自己的积极心理，关注自身的健康成长。

经典案例

哈佛大学心理学教师本·沙哈尔说："一个老师做的最好的事情就是做他自己，但做自己也是很讲技巧的。"本·沙哈尔谈起他很崇拜的两位老师，一位有很强的思辨能力，另一位只要课程开始五分钟就能调动大家情绪，甚至能使学生一直笑到课结束。"我特别崇拜这两个人，梦想成为这样的老师，为此我还专门去上了喜剧演员培训班，试图通过学习增强幽默感。"他耸耸肩，"我发现这根本无法奏效。"

"我开始放弃模仿他人，寻找适合自己的教学风格。后来我想了一个方法，既然不能做到幽默，就去找一些喜剧演员录像，而这些录像中的表达方式、观点内容正好和课堂教学需要相吻合，我就在课上播放喜剧演员录像，这种方式同样能让同学开怀大笑，课堂气氛也非常好。"

"所以作为一位老师，我认为教学要集中做好自己擅长的部分，用你的优势代替你的劣势，而做自己不是说完全忽视别人好的方面，而是用其他的一些方式和手段来补充，借人之长补己之短，你的课堂依然会很吸引人。老师要打开自己的心扉，勇敢地和学生分享你的喜怒哀乐。"

"曾经我很希望能成为一个被学生所崇拜的老师，所以努力在学生面前表现出无所不能、完美坚强的样子。但是我很快发现这是个绝对错误的做法。这也使我自己很累，我每次都很紧张，怕被发现面具下真实的样子——而这样不仅害了我自己，也伤害了学生，也给学生树立了一个典型，告诉学生一条永远走不通的、错误的道路——成为完人，而打开自己后，你真实的人性会唤起学生真实的人性。在学生面前做一个自然的自己，反而让你更受尊重。"

案例分析

案例中这位教师发现自己的幽默感不如别人，本是一件令人沮丧的事，但他照样找到了方法让课堂充满欢笑。他的心态是积极的，他始终以一种积极的，面对未来的姿态对待事物。

保持积极的心理和情绪，并非"装样子"、"强颜欢笑"，相反，要保持真诚的态度。要求教师放下角色面具，以自己本真的面貌出现在学生面前，使学生觉得老师是"透明"的。只有真诚的积极才能感染别人。在与学生的情绪、情感交流中，真诚的态度能导致信任和喜爱，能促进自由探索和更开放的交流。因此，教师要破除传统观念的影响，刻意留心自己对学生的态度是否真诚，经常反躬自省，培养自己的真诚态度。

关于如何表达真诚，有学者提出六点建议：

（1）走出角色，刻意使自己按平等的身份与学生说话做事；

（2）多一点自发性，少一点前瞻后顾；

（3）不设防，接纳自己的缺点和优点，不需要掩盖什么；

（4）表里一致，即做到口心如一；

（5）分享自我，愿意自我揭示；

（6）对自己的教育、教学行为表现泰然自若。

在课堂上保持积极的心理和情绪，还意味着教师对学生保持积极的关注。所谓积极关注，是教师对学生的这样一种态度，其一是教师对学生有一种关切之感，这种关怀是无私的，不指望回报的，是一种爱学生、想要为他做点什么似的感受；其二是教师感到学生是一个独一无二的人，要对他的整体给予接纳，无论优点和缺点，因而教师在反应上会表现出理解和宽容。

积极关注是教师理解学生情绪、情感，步入学生情感世界的前提，教师要注意以下几点：

（1）以积极、肯定的态度看待每一个学生，相信他有改善和成长的潜力；

（2）在反应上，选择性地注意学生言语和行为中积极的方面；

（3）教师在传递积极关注的态度时要注意从学生身上挖掘、发现价值和力量，但同时也要对学生的真实情形保持坦诚清晰的态度，即切合学生的实际情况，不过分乐观或过分悲观。

3. 成为一个倾听者

倾听是一种基本素养，是促使学生努力学习的最重要的行为。倾听是中小学教师情绪管理基本的策略之一。

倾听最重要的姿态是平等，有些大人听小孩说话时会蹲下身来，让自己的耳朵与小孩的嘴处于同一水平线上，这是最好的倾听姿态。教师不以长者、居上者身份自居，承认在教育教学过程中师生具有同样的权利，教师愿意倾听学生的声音，尊重并支持学生的选择和自由，愿意承认自己的失误等。

教师要善于倾听，掌握一些倾听的技巧，不仅是自身修养的体现，也给学生营造一个轻松自由的环境。

首先，在倾听学生的诉说前，要让学生放松，两个人都坐下来，并且在同一高度上，面对面，距离比一般的社交距离稍近些较好。倾听中，目光专注柔和地看着学生，并适时给出回应，比如点头和"嗯"，表示你正在专心倾听他们的讲话。

其次，善于运用神态来传情达意。在倾听的过程中，教师的语言固然重要，但有时老师的神态能起到更直接的作用。自然、安详、专注的神态能使学生消除紧张心理，特别是当学生不能顺畅地表达其内心所想或已意识到自己说得不对不知如何收场时，耐心地倾听便给了他们一颗定心丸。但如果教师显示出不耐烦、焦虑的表情，会让学生感觉到压力，失去继续讲下去的信心。长此以往，势必会挫伤学生的积极性，进而拉大师生间的距离。

再次，没有听懂或尚未弄清楚的地方要及时提出来并与学生沟通，以免造成误解。但不要喧宾夺主,更不要转移话题。此外,在学生说完前不要急于发表观点,也不要提前在心中作出预判,尽量避免把学生的事情染上自己的主观色彩,要耐心听完。

最后,无论学生说的事情在你看来多么可笑、幼稚,他向你诉说都是表示对你的信任,这是一种对你人格的赞美,所以,不要嘲笑他,也不要带着高姿态评点他的事。即使你不赞同他的想法,都要给予他想要的理解和安慰,帮助学生走出困境。

因此,教师的倾听在教学过程中的作用不容忽视。通过倾听,教师能准确地判断学生们是否已基本交流完他们所能想到的和理解到的一切,从而果断地决定在何时介入讨论,以何种方式介入;通过倾听,教师还能对学生的理解水平、知识掌握情况有一个充分的认识,适时调整自己的设计,使不同的学生满足不同的需求;通过倾听,能够创造一种安全温暖的气氛,使学生可以更加开放自己的内心,更加坦率地表达真实的想法;通过倾听,老师能够与学生进行很好的沟通,甚至心与心的交流,帮助学生解决心理上的问题,使学生健康、快乐地成长。

在课堂教学过程中,如果教师不会倾听学生,就会影响师生之间进一步的交流与合作,影响教学的顺利开展,影响学生当然也会影响教师的发展。

经典案例

故事1:

林克莱特是美国著名的主持人。有一天,他访问一名小朋友,问:"你长大后想当什么呢?"

小朋友天真地回答:"我要当飞行员!"

林克莱特接着问:"如果有一天,你的飞机飞到太平洋上空时所有的引擎都熄火了,你会怎么办?"

小朋友想了想说:"我会先告诉坐在飞机上的人系好安全带,然后我挂上我的降落伞跳出去。"

当现场的观众笑得东倒西歪时，林克莱特继续注视着这个孩子，想看他是不是自作聪明的家伙。没想到，孩子的两行热泪夺眶而出，这才使林克莱特发觉这孩子的悲悯之情远非语言所能形容。于是林克莱特问他说："你为什么要这么做呢？"

小孩急急地答道："我要去拿燃料，我还要回来！"

听了小孩的话，现场的观众都静下来了，认真地看着这个孩子，他们为自己的莽撞而惭愧。

林克莱特具有作为主持人独特的倾听的艺术，这自然为他和他的采访对象提供了一个和谐的交流空间。因此，在他的面前你将因为不会遭遇尴尬而期待与之再次合作。作为一名教师，你将比林克莱特更加幸运，你每天可能都会遇到一些看起来摸不清头脑的问答。但是否能够听到来自孩子心灵深处的声音，不在于我们对话者的表达，而在于我们是否有继续听下去的准备，是否愿意聆听孩子的声音。

故事2：

幼儿园里有一朵盛开得又大又鲜艳的玫瑰花，并引起了孩子们的兴趣。有一天，一位幼儿园的小姑娘把它摘了下来。当孩子们都在为校长将如何处置她而充满疑问时，校长来到了小姑娘的面前，弯下腰问："孩子，你准备把这朵花送给谁呢？"

小女孩羞涩地说："奶奶病了，我告诉她学校花园里有一朵很大的玫瑰，她有点不相信，我现在摘下来送给她看，看过后，我会把花送回来的。"

校长牵着小女孩来到花园，又摘下两朵，并告诉小女孩："这两朵花，一朵是送给你的，因为你是一个懂得爱长辈的孩子；一朵是送给你妈妈的，感谢她养育了你这样的好孩子。"

这位校长就是苏联著名教育家苏霍姆林斯基。我们把教育家"弯下腰"的瞬间定格下来，我们应该思考，在我们的教育中，是不是也常有这样的"弯下腰"。在叹息孩子调皮、刁钻的时，我们应该摒弃吹毛求疵的苛刻，多一些鼓舞孩子的耐心，多"弯下腰"，给孩子敞开心扉的机会，静静地聆听他们的声音。

故事3：

邵然的项链在第二次联检中被联检老师没收并转交给了我。

下课后，我将她留下来，她用充满敌意的目光注视着我并质问："什么时候把项链还给我？"语气异常生硬。联想到她对联检老师的态度，我心中立刻升起一股火，便冷冷地对她说："请就这件事情，写一份检讨，把你的想法如实地写出来，然后交给我。"

"什么时候把项链还给我？"还是那句质问。

"等你反思好了，我自然会还给你。"

"你到底什么时候把项链还我？"她的语气极其蛮横，此时她一幅怒火冲天的样子。

我没有回答她，转身走开了，心想：这个被宠坏了的"小公主"，什么时候才能懂得尊重人啊。我以为冷处理会使这件事情就此平息，可事与愿违，真正的"战争"才刚刚拉开序幕。

放学铃声响起，她又走到我身边，生气地问："什么时候还项链？"

"你反思好了，我自然还给你。"我重复着之前说过的话。

"我已经反思好了，我不说不戴了吗？还要我怎么反思？到底什么时候把项链还给我？"她的语气带着浓浓的火药味。

看着她火冒三丈的样子，我知道不能再这样纠缠下去，便生硬地说："你还是再想想。"

我转身要走，她却用身体挡住我的去路，用恶狠狠的眼神盯着我说："我今天就要拿回我的项链！"

我坚决地回答："不可以！"边说边绕过她向前走去。

她在我身后歇斯底里地喊道："你到底还不还我？"

此时我胸中的怒火再一次被点燃，转身厉声回敬："你能不能把自己的态度端正一下，再跟老师说话……"

"不能！我就想要回我的项链……"

我用锐利的目光迎视着她那美丽却充满怨恨的双眸，心想：多么张狂的学生啊！

为了挫挫她的锐气，为了维护老师的尊严，我一定要坚持到底。

此时学生如潮水般从我们身边经过，有人好奇地回头张望。突然，她用无比柔和的语气哀求道："我求求您，请您把项链还给我吧！"这180°的大转弯令我格外奇怪，一转身，原来校长正朝这边走过来。我的脸再一次被怒火烧红，多么狡猾的孩子，校长一到，她的态度马上由极度嚣张变得如此乖顺，我宁愿她与我一直争执下去，也不想看见她那无耻的"变脸"。我的大脑忽然乱成了一团麻，是气愤，是委屈，我自己也说不清，只是看着校长和她在一旁说了些什么，她似乎怀着无限委屈离去了。虽然他们的谈话我一句也没听到，但我的心在流泪、在滴血。她走后，我只是轻描淡写地向校长讲述了刚才发生的一切。当天夜里，我第一次失眠，思绪烦乱，心中生出了很多莫名的苦恼。

第二天，我精神恍惚地来到办公室，同事关切地给我端来一杯咖啡："提提神吧，别太伤神了，还要工作呢。她毕竟是孩子，给她一点时间吧，她会想明白的。"我喝了一口咖啡，马上又吐了出来，嘴里尽是苦涩。

"抱歉！忘加糖了。"同事将白砂糖放进杯里轻轻搅动。

我又试着尝了一口，苦味淡了，满口余香。"糖真奇妙，可以让如此苦涩的东西一下子变得那么顺口。"想着，想着，突然间，我一下子从烦乱中理清了思绪，于是放下杯子飞奔了出去。

"你的咖啡！"同事在后面喊我。

"回来再喝，谢谢！"我简单地回答着。

我再一次把那个骄傲的"小公主"叫了出来，她对我依旧怒目而视，我冲她微微一笑，像什么事都没发生过一样。

拉过一把椅子，请她坐下。她有些不知所措，刚坐下，又马上站了起来。

"瞧你，怎么跟小兔子一样警觉呢，我可没在椅子上设机关哦。"

优秀教师方略丛书
YOUXIU JIAOSHI FANGLUE CONGSHU

　　她被我的话逗乐了，又重新坐下。我看着她，真诚地说："昨天气坏了吧？是老师态度不好，我没有做调查就跟你发脾气，都是老师的错。你这样珍爱这条项链，我想它对你一定很重要，可以跟老师说说吗？"

　　她听了我的话，低着头小声地啜泣起来。

　　当我把精心包装好的项链放到她手中时，她抑制不住内心的激动，放声大哭起来。过了许久，她才道出了项链的故事：

　　妈妈在她很小的时候就离家出走了，她只记得妈妈走的时候留给她一条项链，并告诉她，当爸爸不再喝酒时，妈妈就会回来。她恨爸爸不争气，使她失去了妈妈，失去了温暖的家，失去了幸福的童年。

　　我听了她的诉说后，心里很惭愧，很后悔没有及时倾听她的内心，但幸亏没有造成大的错误。

　　作为一名教师，不能只看表面现象，不能带着情绪批评学生，也不能被学生的情绪左右，要有较强的洞察力，透过现象发现事物的本质，给学生一个解释的机会。这样，才有利于对教育内容的挖掘，有利于对学生的因势利导，从而减少由于误会所带来的教育偏差。

　　故事4：

　　在课堂上，王老师发现一个女生注意力总不集中，不时地抬头望着窗外，眼睛里流露出一丝伤感。

　　下课后，王老师走过去问她是否身体不舒服，她默默地低头不语；问她是否有心事，还是不回答。于是，王老师拿出纸，在上面写上自己的手机号码、电子邮箱和QQ号码，对她说："如果你信得过老师，你可以把你藏在心里的话告诉给我，我很愿意跟你一起分担。"

　　晚上，那位女生果然主动在QQ上与王老师联系了。

　　"老师，您好！我上午对您的态度很不好，请您能够原谅。"

　　"这点小事不算什么。我能把你加为好友吗？"

　　接着，老师回复了她："现在我们是好朋友了，你有什么需要我帮助的吗？"

自身修炼篇

173

"你能替我保密吗？"

她在得到王老师肯定的回答后，向王老师讲述了她的秘密：原来，她与班级里的一个男生谈恋爱，已有一个多学期了。可是现在，这个男生又喜欢上了另外一个女生，她痛苦极了，不知该怎么办？以致整天心神不定，懒于学习。

王老师知道了事情的真相后，和她聊了近两个小时，她才依依不舍地下线，并约好了第二天继续。经过几次深入的沟通后，基本上消除了她心理的障碍。而且，从这以后，她跟王老师每个周末都会在 QQ 上交流，话题越来越广泛，谈学习感受、班级趣事、各自的理想以及对老师授课的评价等，她们成为了名副其实的网友。

随着社会的发展，师生间的交流渠道愈发多样化了。一些形式更加有利于老师与学生的交流，有利于打开学生的心扉。只要老师能够根据班级和学生实际，选择适当的方法和途径，就能聆听学生心灵深处的声音，进而拉近师生间的距离。

案例分析

心理学研究表明，人在内心深处，都有一种渴望别人尊重的愿望。作为一名老师，要对学生进行有效的教育，就要以身作则，先要尊重学生，倾听他们内心的想法，了解他们在想什么、做什么，有什么高兴的事，有什么不开心的事。学会了倾听，就能够深入了解学生的内心世界，学生就能感受到老师对他们的尊重和关怀，他们也就愿意把自己的秘密与老师分享，从而使老师在各种活动中可以有的放矢，消除阻碍。

总之，教学中教师要学会倾听，只有教师俯下身子，认真倾听学生的心声，才能真正体现"以人为本"，才能实现教学相长。我们力求达到一种友爱和谐的状态，让孩子在这样的氛围中真切地倾吐并得以宣泄，学会尊重，少一些自大，多一份思考。

4. 不断超越自己

随着知识经济和信息网络的日益发展，知识创新的速度大大加快，更新的周期也越来越短。这种变化使任何人具有的知识都不可能终身受用，一次性的学校教育已经不能满足时代发展的需要。大量的知识要靠再学习获得。

因此，时代赋予教师以全新的使命。如何紧跟时代步伐，走在时代前列，是众多教师面临的重要的新课题。教师只有不断地再学习，吸取最新的知识才能适应社会的发展。

我们教师要与时俱进，开拓创新，做一个终生学习型的优秀教师。所谓终生学习型教师，就是要坚持思考和学习，要不断转变教育观念，更新储备知识，摸索教学方法，尤其要加强学习并熟练运用现代化教学技术和手段。

要想成为一名与时俱进的终身学习型教师，我们至少应该做到以下几点：

首先，要努力拓宽自己的知识面。作为一名教师，需要的知识并非局限于某一个方面，而是上下五千年，纵横十万里，甚至要上知天文，下知地理。一个知识面狭窄的教师，很难真正给学生以人格上的感召力。有一句话说得很形象，那就是教师自己要有一桶水，才能给学生一杯水。现在学生对教师的期望值非常之高，他们喜欢知识渊博的教师，喜欢琴、棋、书、画样样都会的全能教师。因此，教师除了应该具备过硬的专业知识外，还要有广泛的爱好和特长，以及宽广的知识面。

其次，多掌握一些现代信息技术。一名教师如果与网络绝缘，无异

自身修炼篇

于一个睁眼瞎。现代信息技术越来越贴近我们的教学生活，形象直观，快速便捷，信息丰富全面，合理地运用这些技术，为课堂教学服务，会使课堂教学收到事半功倍的效果。能用电脑编辑文字，收发电子邮件，制作简单课件等是有追求的教师必备的能力。

最后，教师还应该从自己的教育教学实践中去总结经验、不断反思。教师每天都会遇到一些有价值的事，我们应该做一个有心人，认真总结教育的得与失，发现教学实践中的有价值的东西。这样便于指导我们日常的教育教学。

作为新世纪有理想，有抱负的青年教师，要想开辟教育教学的新天地，唯一的途径就是学习，学习，再学习。唯有学习才不会在生活中迷失方向；唯有学习才不会被历史所淘汰；唯有学习才能在科技日新月异的时代立丁不败之地；唯有学习才能在竞争异常激烈的今天成就一个美好的未来。

经典案例

故事1：

有一天，一个博士和两个同事去单位后面的小池塘钓鱼，他们分散地坐在池塘南面的左中右三个位置，支开鱼竿，开始钓鱼。

一边钓鱼，博士一边想："嘿，一个本科生，一个中专生……"博士不屑地摇了摇头，他认为跟学历比他低的人是没有什么共同语言的。

中午时分，坐在左面的本科生放下手中的鱼竿，伸了伸懒腰，径直地从水面走到池塘北面的厕所去了。博士惊讶了：什么，他竟然从水上走过去了！博士生极为不解。这怎么可能呢？人从水面上走，这是违反物理学最基本的规律的啊！

眼前的这一幕挑战着博士的眼睛。可是没过多久，右边的中专生也放下鱼竿，"噌噌噌"从水面上走过去了。"天哪！这究竟是怎么回事呢？"博士非常不解。

博士揉了揉眼睛，这不是在看武侠片吧！其实也难怪他们会选择从水上走过去，因为湖是东西狭长的，要从湖的南面到北面去，绕着湖走的话，要走很远的路。

不一会儿，博士也想上厕所了。"绕着走？"博士想了想，"不行，路远点是小事儿，关键是他们能从水面过去，我绕着走的话，势必会被他们笑话。""可是怎么从水面上过去呢？"犹豫了一下，博士把心一横，宁可试一试，也不愿被他们耻笑。

"我就不信，本科生能过的水面，我博士生不能过。"博士嘟囔着，迈步走向了水面。就听"咕咚"一声，博士栽进了水里。

两个同事飞奔过来，把他拉出来。博士这才不解地问："为什么你们过得去，而我却过不去呢？"

两个同事相视一笑，说："这池塘有两排木桩子，由于这两天下雨涨水沉到了水面下，我们都知道这木桩的位置，所以可以踩着桩子过去，你怎么不问一声呢？"

博士一听，这才恍然大悟。

知识是固然存在的，关键是求知的人是否愿意主动地获取。老师的工作随着时间的推移和教育对象的变化需要不断更新。这就需要班主任老师成为谦虚的好学者，在众多的现代知识中，尽可能多地为自己寻找学习途径和学习对象，不断充实自己、提升自己。

故事 2：

宋老师在班上创办了"绿色家园"班级活动网页，他经常发一些鼓励性的帖子，并通过留言了解学生的情况，解决他们心理上的困惑，每逢节假日、学生的生日，还会发一些温馨问候和良好祝愿的帖子。"绿色家园"网页渐渐地成了班级的精神家园，一年中在这里举行了 6 次班级新闻发布会，召开了 4 次主题班会，学生有 30 多人次与宋老师说悄悄话，同学之间谈心更多达数百人次，宋老师与家长也通过网页频繁地进行交流……

学生们都很喜欢这个班级网页，因为他们从网页的班级活动中学到

自身修炼篇

很多东西，而且自己有什么心里话都可以写在网页上，与老师和同学交流。学生家长也说，过去孩子一开电脑就想玩游戏，现在孩子在网上跟老师、同学交流，参加网上的各种班级活动，这激起了他们的兴趣，他们不再迷恋网络游戏了。

现如今，网络成为了新技术的标志性工具。教师掌握和运用网络资源，建设班级网络平台的事例不胜枚举。一些教师运用网络平台对学生开展心理教育、学科教学，甚至利用 QQ 解决一些诸如早恋、厌学等学生中的问题，都有一定的成效。其实，随着科学技术的发展，教育环境、设施的改善，必然还有更多的新知识、新技术、新方法为教师所用。只要保持强烈的求知欲，紧跟时代的步伐，就会给教师的工作注入鲜明的现代气息，让我们的教育走在时代的前列，让我们的学生在师生共同成长的历程中，大受裨益。

故事 3：

有一天，沈老师从传达室经过，又看见班上许家洛同学的信，她不禁警觉起来。

许家洛是一个看起来持重而内向的孩子，虽然父母都在外地工作，但他却一直品行端正、学习优异，一向不让老师和家长操心。可是最近一段时间，沈老师发现他总往传达室跑，然后一个人偷偷在教学楼后面的小花园里读信。沈老师经过多次调查得知，在一个多月里，许家洛已经收到 6 封这样的信了，这些信件都是来自相邻县一个重点中学的，信封上那娟秀的字迹清楚表明出自女生之手。

沈老师几次试探，除了了解到许家洛在那个县没有一个亲属外，什么也没有问到。凭着多年的工作经验，沈老师判定许家洛一定有早恋的倾向。

今天，她再也不能眼看着这种局面继续发展了，想到还有两周就是五一大假了，许家洛的父母一定要回家，就决定自己先稳一稳，等家长回来后再协同解决这个问题。于是沈老师拿起这封信走向办公室。

一周过去了，许家洛越来越表现得烦躁不安，看见沈老师招呼也不打，眼里还流出怨恨和无奈。课堂表现更是糟糕，后来居然在沈老师的课上大大方方地看小说。沈老师走过去，气愤地没收了他的小说，并让他下课后到办公室去。

许家洛走进办公室，站在沈老师面前，无论老师问什么、怎么问他都一声不吭。沈老师非常生气，她怎么也没有想到，一个如此优秀的学生竟然变成了这样！

想到这里，沈老师不禁怒道："许家洛，你简直不可救药！"

谁知，许家洛也大叫道："你不配做老师！"说着转身跑出了办公室。

原来，许家洛已经知道是沈老师从传达室拿走了自己的信。

老师常常会以善意为出发点，做出一些自己都没有意识到的举动，对学生造成伤害，甚至是违法的事情。这是一些教师经常面临的一个职业"尴尬"。而正是这些"善意"的伤害，把学生对老师的尊敬、家长对老师的信任一扫而光。而对于沈老师的行为，究其原因，就是缺乏法律意识。"依法从教"的理念是时代进步的产物，也是时代进步对教师的必然要求。教师要学习法律知识，牢固法治意识，运用法律为我们的教育行为护航，维护学生的权利，为师生利益服务。

案例分析

在知识经济时代，知识的更新速度越来越快，每个人都会面临落伍、淘汰的危险。在未来社会中，无论从事哪种职业，都将存在终身学习的需要，"传道、授业、解惑"的教师尤其如此。

因此，作为一名教师，我们应该紧跟当代知识和技术日新月异的时代步伐，熟练掌握现代教育技术的操作及应用。对所教课程不断探究，加强同行间的信息交流，了解掌握本学科的最新信息和科研成果，以满足学生广泛的求知欲。

教师是一个非常神圣的职业，是人类灵魂的工程师。我们要与时俱

自身修炼篇

进，不断提高自我，完善自我，并超越自我，用自己的人格魅力和渊博知识来启发学生的思维，提高学生的素养，开拓学生的视野，拓宽学生的知识面，塑造学生的完美人格。